现代信息技术背景下新兴体育项目发展和课程建设

——以重庆市高校精品在线开放课程"轮滑运动基础"为例

孟现录　著

北京工业大学出版社

图书在版编目（CIP）数据

现代信息技术背景下新兴体育项目发展和课程建设 ：
以重庆市高校精品在线开放课程《轮滑运动基础》为例 /
孟现录著 . — 北京 ： 北京工业大学出版社， 2020.6（2023.2 重印）
ISBN 978-7-5639-7532-7

Ⅰ．①现… Ⅱ．①孟… Ⅲ．①滑轮滑冰－课程建设－
研究－高等学校 Ⅳ．① G862.82

中国版本图书馆 CIP 数据核字（2020）第 118357 号

现代信息技术背景下新兴体育项目发展和课程建设
——以重庆市高校精品在线开放课程"轮滑运动基础"为例

XIANDAI XINXI JISHU BEIJINGXIA XINXING TIYU XIANGMU FAZHAN HE KECHENG JIANSHE
——YI CHONGQINGSHI GAOXIAO JINGPIN ZAIXIAN KAIFANG KECHENG "LUNHUA YUNDONG JICHU" WEILI

著　　者：	孟现录
责任编辑：	吴秋明
封面设计：	点墨轩阁
出版发行：	北京工业大学出版社
	（北京市朝阳区平乐园 100 号　邮编：100124）
	010-67391722（传真）　bgdcbs@sina.com
经销单位：	全国各地新华书店
承印单位：	三河市元兴印务有限公司
开　　本：	710 毫米 ×1000 毫米　1/16
印　　张：	9
字　　数：	180 千字
版　　次：	2020 年 6 月第 1 版
印　　次：	2023 年 2 月第 2 次印刷
标准书号：	ISBN 978-7-5639-7532-7
定　　价：	52.00 元

重庆市高校精品在线开放课程

证 书

课 程 名 称：轮滑运动基础

课 程 负 责 人：李采丰

课程团队其他主要成员：孟现录、丁君、罗飞、欧映龙

主 要 建 设 单 位：重庆第二师范学院

主 要 开 课 平 台：重庆高校在线开放课程平台

重庆市教育委员会
2019年5月

证 书 编 号：2017-1-040

前　言

本书基于"健康二师"大数据平台应用和高校在线开放课程,以重庆市高校精品在线开放课程"轮滑运动基础"为例,解析了现代信息技术背景下新兴体育项目发展和课程建设,从项目开发和推广路径、课程介绍、教学内容、授课视频、教学课件、测验和考核等方面进行学术性评价,内容导向正确,教育理念先进,教学设计完整,线上线下互动良好,能切实提升教学效能。

本书基于体育技能学科的教学规律,运用现代信息技术,对数据化、信息化平台和五步四环教学方法等进行分析,高效地传授轮滑基础技能,利用精美优质的视频、文本、图片等教学资源有效地指导学生进行线上学习和线下练习,实现课堂翻转,提升教学效能,希望可以为其他新兴体育项目的发展与课程建设提供参考。

笔者在撰写此书时,参考了许多著作和文献,在此向相关作者表示衷心的感谢。由于作者水平和能力有限,书中难免存在不足之处,请广大读者批评指正。

目　录

第一章 现代信息技术背景下的未来体育教育

第一节 现代信息技术

现代信息技术是借助以微电子学为基础的计算机技术和电信技术的结合而形成的，对声音的、图像的、文字的、数字的和各种传感信号的信息进行获取、加工、处理、储存、传播和使用的能动技术。

当今世界正在向信息时代迈进，信息已经成为社会、经济发展和教育等领域的"润滑剂"。现代信息技术广泛地渗透和改变着人们的生活、学习和工作，信息技术是学习活动的认知工具，是课程学习内容和学习资源的获取工具，是情境探究和发现的学习工具，是协作学习和交流讨论的通信工具，是知识建构和创作的实践工具。将信息技术作为高级思维训练工具，遵循教育教学规律，合理采用现代信息技术手段提高教学效率，利用现代信息技术进行动画导入、图片展示、视频介绍、虚拟教学、远程教学等，信息技术的应用将从目前大家更多关注电脑、网络、网上学习的操作模式等，发展到利用信息技术培养高级思维能力，构建知、情、意相融合的高智慧学习体系。

伴随现代信息技术而来的是"大数据"时代。全球知名咨询公司麦肯锡称："数据，已经渗透到当今每一个行业和业务职能领域，成为重要的生产因素。人们对海量数据的挖掘和运用，预示着新一波生产率的增长和消费者盈余浪潮的到来。""大数据"在物理学、生物学、环境生态学等领域以及军事、金融、通信等行业的存在已有时日，随着互联网和信息行业的发展，其在体育与健康领域的应用也越来越多。

在学校创新教学实践中，"以学为中心"的翻转课堂重构了教学流程，多方式激励学习评价和新一代数据技术的运用，推动着现代社会智慧课堂的跨越式发展。伴随式数据的采集，为教育管理、教研、实践提供决策性依据，日常教学要实现三个转变：从以教为中心向以学为中心转变；从以知识传授为主向以能力培养为主转变；从以课堂学习为主向多种学习方式转变。让师生教学、课堂互动、资源获取、过程开放、学习评价向"公平、精准、高效"再升级。线下实体教育环境和线上虚拟教育环境的融合，贯通了"教、学、考、评、管、学习空间、学校社会共育"等教育生态链，以伴随式数据促进个性化教育，全面提升教育行业生产力，助力社会培养面向未来的国际化人才。

第二节　未来教育

2020年5月，中华人民共和国教育部办公厅发布关于印发《未来技术学院建设指南（试行）》的通知，通知强调，以习近平新时代中国特色社会主义思想为指导，深入贯彻党的十九大和十九届二中、三中、四中全会精神，深入贯彻全国教育大会精神和《中国教育现代化2035》，聚焦未来革命性、颠覆性技术人才需求，推动整体实力强、专业学科综合优势明显的高校以立德树人为根本任务，突破常规、突破约束、突破壁垒，强化变革、强化创新、强化引领，以提供优质资源和营造良好创新氛围为抓手，以改进体制机制为保障，建设一批未来技术学院。把握新工科"新的工科专业、工科的新要求"建设内涵，着力培养具有前瞻性、能够引领未来发展的科技创新领军人才，推动"中国制造"到"中国创造"的转型升级，为建设高等教育强国、服务经济高质量发展、实现中华民族的伟大复兴奠定基础。

王佑华教授在《现代信息技术在教育教学中的不当使用》中指出，计算机技术、多媒体技术、通信技术、网络技术和人工智能的发展，把人类推向了一个崭新的信息时代，信息技术已经渗透到社会的各个方面。目前，"互联网+""人工智能+"颠覆和变革一种业态形态似乎越来越容易，对推动教育教学改革与发展也起到了不可替代的作用，在教育领域中，一场信息技术的颠覆性变革正以最强的态势发生着，教育教学改革的探索和实践如火如荼，学校、教育、课程、教师等正在被重新定义，并带来了教学形态、流程、模式上的变化，从而形成新的教和学生态系统，形成更加开放、更加公平、更加均衡、更加优质的教育，实现随时、随地、随需学习，实现大数据的教育教学决策。有效使用现代信息技术可以促进教育教学质量的提高，但不是过多采用或千篇一律采用现代信息技术手段就能在教育教学中取得良好效果，在教学组织和教学内容上要谨防现代信息技术的不当使用。

未来世界不是一个传统的物理世界，而是一个"信息物理系统"，未来的教育是一个集物理实体和互联网、人工智能于一体的融合的教育综合体。在教育教学过程中，合理、有效使用现代信息技术，教师的现代化是关键。一方面，面对现代信息技术带来的教育形态的革命性变化，教师的教育能力和现代科技手段应用能力要同步提高，教师要具备基本的多媒体、互联网、人工智能等现代化"硬件"的应用能力，否则，就会因能力不足被淘汰；另一方面，教育的本质是育人，没有灵魂的网络与智能机器人是承载不了这一任务的，教学代替不了教育，互联网和人工智能代替不了教师，因此，教师应具备现代教育思想、理念、内涵、素养等现代化"软件"，保持教育定力，否则，教师就不能很好地履职尽责。

中共中央、国务院印发的《"健康中国 2030"规划纲要》提出，将健康教育纳入国民教育体系，把健康教育作为所有教育阶段素质教育的重要内容。学校体育是健康教育的重要组成部分，也是实施素质教育的有利抓手。学校体育应站在更高的高度，以更宽广的视野，适应和融入国家健康优先发展战略。把学校体育置于建设健康中国的大战略、大教育、大格局中去定位、思考和改革。进一步树立和强化学校体育健康第一的指导思想，进一步突出学校体育在培养学生社会责任感、身心健康、学会学习、实践创新核心素养，在塑造性格和完善人格、践行社会主义核心价值观方面的独特作用。只有把学校体育纳入大健康教育的格局中，学校体育才能迸发出生机与活力，才能体现出体育在健康教育优先发展战略中的独特地位和作用，也只有这样，才能更好地体现出学校体育的科学化水平。

终身体育是我国大学体育教育的指导思想，健康则是我国现代大学体育教育的主要目标，在终身体育思想的指导下，努力完成健康的主要目标是大学体育的主要任务。传统的体育教育将掌握运动技术和提升身体素质作为最终的教学目标，容易忽视大学生终身体育意识和自主体育锻炼习惯的培养。体育心理学研究显示，体育意识是最好的导师，体育意识越强，参与体育学习越积极。这种体育兴趣不会随着客观条件的变化而减弱，反而会随着体育运动程度的提高而强化。因此，大学体育对于大学生终身体育意识的培养至关重要，但是，终身体育意识和体育锻炼习惯如何量化，达到什么程度才能算是养成终身体育意识和习惯，如何监控体育锻炼习惯养成与否等都是培养终身体育意识需要解决的问题。带着以上问题，作者所在的学校开展了大量实践研究，并探索出以下路径：第一，配置可采集运动量、时间、地理位置、心率等信息的智能穿戴硬件，用于采集运动数据；第二，构建智能化的数据分析模型，开发可视化的信息管理软件，用于运动数据的分析和管理；第三，建设网络化的课外运动监督、指导体系，用于学生课下的运动督促和指导。研究人员按照锻炼习惯养成的规律，在运动数据管理系统中设定每日平均运动量和每周运动次数，使师生均可对体育锻炼的情况进行量化分析，实现大数据引导学生终身体育意识和体育锻炼习惯的培养。

当前我国大学体育课程大多重课内，轻课外，课内教学在课下没有得到相应的延伸，体育教育课内外脱节较为普遍。究其原因，我们通过对高校体育学科专家进行访谈了解到，学生课外体育锻炼监控手段的匮乏是课内外一体化教学模式打通的主要壁垒。智能化构建体育课内外一体化教学模式是：课上以教师传授体育运动技能为主，课下以学生自主学习锻炼为主，运用智能可穿戴设备和大数据等信息技术对学生课外体育活动的运动量、运动强度、运动时间等数据进行收集和分析，指导和监督学生的课后锻炼。同时，在教学考核中将学生课外自主锻炼作为课堂考核的主要内容，从制度上保障体育课内外一体化教学模式的顺利推进。实践证明，用智能化穿戴设备对运动数据进行收集，用智能化管理方式和手段，能够很好地解决教师对学生课后锻炼的监控困难，这一点在我们的前期实践性研究中已经得到证实。

未来体育应用研究主要包括如下四个方面：第一，学生的健康管理方面，即通过对基本信息和显性体育信息的收集与分析，让教师和学生及时了解自己的健康状况和体育锻炼情况；第二，健康干预方面，即教师通过分析数据可以有针对性地干预学生的课堂学习及课后锻炼；第三，课堂管理和评价方面，即通过管理和评价的量化，提高体育课堂效率；第四，运动预测和场馆管理方面，即通过学生锻炼时间和地点等大数据掌握学生的运动规律，对体育场地及场馆等资源进行合理的配置与利用。总之，现代信息技术以大数据的收集和分析为手段，以智能化穿戴设备或课程平台软件为载体，其在课堂内外融合方面的应用是未来体育的焦点。

第三节　体质健康管理指标体系构建

近 30 年来，我国青少年学生的体质健康水平持续下降，已经引起了国家和社会的高度关注，提高青少年学生的体质健康水平已经成为社会各方面共同努力的目标。遵照"健康第一"的指导思想，学生运动与健康管理项目作为"体育与健康"课程的辅助与延伸，强调促进实践参与导向，激发学生的自主潜能，通过构建现代信息技术的科学管理模型，搭建信息化、数据化、智能化信息管理平台，协同学校、教师、家庭多方面的力量，努力构建科学的学校儿童运动与健康管理体系，促进"体育与健康"课程各项目标的完成。

国外十分重视学校体育的运动与健康管理，如美国得克萨斯州相关机构在2009年建设了牧区学校健康管理系统，以方便了解儿童的健康情况。教育学家唐纳德对该体系进行了研究，认为这种方式有助于了解得克萨斯州与其他地区儿童的身体状况差异。霍斯认为建设儿童的健康管理数据库有助于解决城市与乡村儿童的体质差异问题。英国的琼斯对体育运动促进儿童健康的具体价值进行了分析，认为二者有重要联系，有必要以数据形式来体现。在十分重视儿童健康的日本，其相关研究更为成熟。铃木大辅提出要重视乡村学校儿童的健康状况，并指出在乡村学校体育活动与儿童健康的关系。上杉目则对日本文部科学省颁布的关于《儿童体育运动与健康促进》的相关文件进行了评价，指出要提高对乡村儿童健康的关注。此外，还有一些学者对日本许多地区推出的儿童体质与运动相关管理数据平台也进行了研究。

当前我国关于学生健康的相关研究可以分为宏观层面、中观层面与微观层面三个部分。

从宏观层面来看，国家组织开展了一系列数据库建设和调研工程。教育部等部门从1979年开始组织实施"中国学生体质与健康调研"。其后，1985年至2005年，五次组织全国范围的学生体质健康调查，对学生的体质健康状况进行了持续、系统的调研、监测，建立了完善的中国学生体质健康调研制度。为了追踪调查我国学生体质的变化情况，中央教育科学研究所体育卫生艺术教育研究中心、教育部《学生体质健康标准》数据管理中心研究部分别对2008年、2009年、2010年全国大中小学每年约1亿学生的《国家学生体质健康标准》测试成绩进行收集、建档和统计分析，形成了《2008—2010年国家学生体质健康标准测试数据分析报告》。

2014年，教育部办公厅发布了关于《国家学生体质健康标准（2014年修订）》测试和上报工作的通知以及关于落实《学生体质健康监测评价办法》等三个文件有关工作的要求，2016年11月30日，《中国学校体育发展报告（2016）》提纲研讨会在天津举行，在会议上，强调贯穿大数据思维，利用数据挖掘技术，加强学生健康测试管理。

在中观层面，主要是地方教育管理部门和监督部门，许舒翔等对广东省学生体质健康管理系统是由目标系统、管理系统、评价系统、反馈系统协调构成的管理体系和运行模式进行了深入研究，认为通过对学生体质健康管理的探索和实践，近3年中小学生的体质健康水平呈逐年上升趋势。焦龙对山西中小学生近十年来的体质健康进行研究，对青少年现阶段的身体素质进行分析，认为山西省中小学生的绝对力量水平较高，而爆发力相对薄弱，力量素质发展不平衡，应当引起相关部门的重视。各省市经济条件发展不同，学生体质健康发展均存在问题，需要对全国各省市学生的体质状况进行分析和掌握。

在微观层面，学者的研究聚焦于具体的健康指标和学校上，程慧媛提出了"学生近视眼防控工作的学校健康管理策略"，认为学校保证必要的教学环境与学校开展相关健康教育是重要手段。张隽探索了上海市 7—9 岁儿童的生活行为因素与肥胖的关系，为制订儿童肥胖干预策略提供了依据，认为面对儿童肥胖问题，应积极开展健康教育和肥胖干预工作，控制儿童肥胖。同时，家庭也是影响学生健康的主要因素，很多文献显示，暑假和寒假是学生体重增长最快的时间段。

综上所述，当前国内外关于学校运动与健康方面的研究取得了不少成果，这为本课题研究提供了重要的理论依据。但是通过深入研究发现，在我国众多的研究成果中，学校体质健康管理指标体系构建方面的研究偏少，更缺乏有直接数据来源且能够与运用紧密结合的研究成果。在当前现代信息技术的大背景下，信息化、数据化、科学化的体质健康管理指标体系的构建，可以为体育课程的实施、学校发展改革和学生健康发展提供重要的理论与实践依据。现代信息技术背景下体质健康管理指标体系的构建主要体现为以下三点。

一、构建基于一、二、三课堂"三轮驱动"的管理模型

学生养成运动习惯、培养运动技能、提升身体素质、丰富健康知识、增强社会适应能力等目标的完成，是一个多维度、多层次的立体人才培养工程，需要科学划分体育学科一、二、三课堂育人功能，统筹设计一、二、三课堂学习任务，协同督促一、二、三课堂学习进度，充分发挥体育教师、班主任、家庭等各层面人员的作用，以实现一、二、三课堂"三轮驱动"的建设目标。一课堂指课堂教学，二课堂指校内体育竞赛、活动，三课堂指校外自主锻炼。

二、构建基于数据采集、数据分析、数据应用"三维互动"的信息平台

无感知数据采集、智能化的数据分析、信息化的数据应用，共同构成了"三维互动"的学生运动与健康数据信息平台，形成数据采集—数据分析—数据应用—数据采集的良性互动循环生态，有效建立起过程管理和目标管理间的桥梁，形成有效的"三维互动"模式。

三、构建基于学校、教师、家长"三方联动"的干预机制

提高青少年学生的体质健康水平已经成为多方的共同目标，特别是发展不均衡、体质差的学生，需要学校、教师、家长"三方联动"共同干预。按照学校引导、教师指导、家长督导的分层分工原则进行，建立起有效的"三方联动"干预机制。

现代信息技术背景下体质健康管理指标体系如表 1-3-1 所示。

表 1-3-1　现代信息技术背景下体质健康管理指标体系

一级指标（分）	二级指标（分）	三级指标（分）	指标要点（分）
科学管理体系（20）	管理保障体系（5）	①组织保障（1） ②制度保障（1） ③人员保障（1） ④经费保障（2）	①党政一把手(0.5)，部门参与(0.5) ②项目运行制度（1） ③专人管理（0.5），人员充足（0.5） ④有配套经费（2）
	健康监测体系（10）	①软件（5） ②硬件（3） ③工作手册（2）	①采购分析软件（5） ②提供计算机、服务器等硬件（3） ③编写工作手册（2）
	健康干预体系（5）	①家庭干预（2） ②学校干预（3）	①具有家庭干预举措（2） ②具有学校干预举措（3）
智能信息平台（20）	健康指标测试（7）	①体质健康数据(5) ②心理测试平台(2)	①少一项扣1分 ②具有心理测试网络平台（2）
	健康数据分析（7）	①个人纵向分析(2) ②同年横向分析(2) ③全数据分析（3）	①每年有个人纵向数据分析（2） ②每年有同年横向数据分析（2） ③每年有全数据分析报告（3）
	健康工作评估（6）	①班级管理评估(2) ②体育教学评估(2) ③学校工作评估(2)	①每年有班级管理数据（2） ②每年有体育教学评估报告（2） ③每年有学校体育工作评估（2）

续表

一级指标（分）	二级指标（分）	三级指标（分）	指标要点（分）
健康干预路径（25）	家校结合（9）	①家校沟通渠道（5） ②家校沟通效果（4）	①建立沟通渠道（5） ②家长参与情况测评（4）
	健康指导（8）	①健康知识（4） ②运动习惯（4）	①有健康知识宣传路径（专家评估）（4） ②具备运动习惯的学生比例 ×4（4）
	运动处方（8）	①个性指导（4） ②整体提升（4）	①对预警学生指导百分比 ×4（4） ②整体提升（专家评估）（4）
高校健康课程（35）	国家体育课程（13）	①课时计划（5） ②课程质量（5） ③师资配备（3）	①课时时数合规（5） ②综合素质测评达到区平均值（5） ③师资配备齐全（3），缺1人扣1分
	地方体育课程（12）	①活动计划（6） ②活动实施（6）	①活动计划完善（6） ②活动实施方案可行（6）
	校本体育课程（10）	①课程计划（4） ②专家指导（3） ③教师进修（3）	①课程计划合理（4） ②一年不少于两次（3） ③一年不少于两人次（3）

（一）信息平台应用

1. 使用主体

信息平台的进入对象包括校领导、班主任、体育教师和学生/家长4个主体。

2. 信息平台功能介绍

平台功能主要包括"首页""体测""管理""我的""设置"和"课程"6项功能，每项功能具体介绍如下。

（1）首页

包括"心率""步数"和"睡眠"3个功能。其中，"心率"主要评测和分析"最大心率""平均心率""最小心率"和"统计"（心率大于110共多少次，心率小于50共多少次）等数据。

（2）体测

包括"成绩录入""查看成绩单""体测值班台""综合分析""及格预警""优秀预警""成绩为0（或未测）""变动与分布"和"查看各班成绩及排名"9个功能。

成绩录入：对接体质健康测试设备，获取各项体测数据（身体质量指数BMI、肺活量、50米跑、坐位体前屈、1分钟跳绳、1分钟仰卧起坐（女）、50米×8往返跑）并进行分析。如果遇到体测设备故障或网络问题导致体测成绩不能上传或数据异常，可以通过手工录入体测成绩进行体测数据登记，操作步骤如下。

先进入人工体测，然后选择体测项目，进入该项目的体测成绩列表，找到要操作的学生姓名后，如果是修改成绩则直接点击相应的成绩行，如果是手工增加一个成绩记录，点击"+"后直接录入成绩。

查看成绩单：对学生进行体质健康测试后，显示学生体测的相关成绩单，提供单项成绩单和综合成绩单两种。

体测值班台：可根据需要选择关注的体测项目。当关注的项目开始体测时，体测数据会自动显示在体测值班台的面板上。

综合分析：利用图标直观展示学校体测成绩的横向、纵向变化趋势，及时了解学生体质健康发展状况。主要分析成绩分布、横纵向对比、单项记录图、总成绩、学生体质测试指标（身高、体重、身体质量指数、肺活量、50米跑、坐位体前屈、1分钟跳绳和1分钟仰卧起坐），上述指标可以根据情况进行添加。

及格预警、优秀预警和成绩为0（或未测）：对参加体质测试的学生的数据进行分析，对及格预警、优秀预警、成绩为0或未测试的学生进行提示和信息反馈，并提取体测成绩处于临界值附近的学生名单，便于教师进行针对性训练。

变动与分布：对体质健康测试的数据从新增优秀率、优秀掉线率、新增及格率、新增不及格率、持续优秀率、持续及格率、持续不及格率、不及格上线率进行分析，列出几种体测成绩的变化比率，供相关领导和体育教师对一年来的工作进行总结时参考。

查看各班成绩及排名：点击查看各班成绩及排名后，对各班级的平均值、班级中成绩最高的学生进行排名。

（3）管理

包括运动步数、进出校记录、发送信息、布置步数作业、作业检查、操场跑圈、时间分布7个评测和分析功能。

运动步数：学生运动步数评测与分析，包括年月日、班级、学号、姓名、步数、距离和消耗的卡路里数均可以分析，并且排出名次。

进出校记录：对学生进行定位，进出校进行记录，通过年月日、班级、学号、姓名和具体时间体现学生到校和离校情况。

发送信息：发送信息的功能是向指定学生、指定班级和指定年级发送信息，发送信息的内容可以是文字也可以是图片，发送形式是合并发送或单独发送。其中发送消息中的图片具有"选择文件""旋转""适应相框""适应屏幕"和"原图"的功能。

布置步数作业：布置步数作业分为不及格、60—70、70—80、良好和优秀5个阶段。针对不同年级设置不同的作业任务，以天、周、月为周期，任务次数可以达到30次，任务提前1小时或者1天发布，步数从2000到18000递增。学生根据任务和完成情况获得相应分数。

作业检查：作业检查是对学生在一定时间段（以周为单位），完成的任务内容情况，在任务次数、完成次数和完成情况3个方面的体现。同时，具备选择不同年级和班级的功能。

操场跑圈：如果布置的有课余时间操场跑圈任务，可以在此查看操场跑圈情况，可以对学生是否完成有个大致了解。

时间分布：时间分布主要是展示班级或个人在学校不同区域所处的时间长度，有助于教师了解本班学生的情况，家长也可以了解孩子在校的情况。

（4）我的

主要包括"运动记录""心率记录""睡眠记录""荣誉排名""我的信息""2+2课程"和"我的课程"7个方面。

运动记录：针对个人运动情况开放的功能，可以查看自己每天运动的数据，也可看出同龄人的运动情况，自己可根据实际情况调整每天的运动量。

心率记录：给出一些心率测试结果的展示图，对自己的运动负荷量有一定的参考价值。

睡眠记录：列出被测试者睡眠时间曲线和同龄人的平均睡眠时间，可根据大数据对比，结合自身情况，优化自己的作息计划。

荣誉排名：列出同龄人之间的运动步数排名，查看自己的运动量处于什么位置，结合自身条件，对自己有一个进一步的认识。

我的信息：所有发给自己的信息在此列出。

2+2课程和我的课程：根据学校的情况设置课程。

（5）设置

设置模块包括点击完善个人资料、设备管理、通用设置、更多设置、缓存清理和退出登录6个功能。

点击完善个人资料：主要包括修改头像、昵称、邮箱、性别、生日、身高、体重和身份等信息。

设备管理：主要是管理绑定的手环信息。

通用设置：包括自动登录、自动刷新和软件版本的检查。

更多设置：包括添加姓名到手环和修改密码的功能。

缓存清理：清理数据的功能。

退出登录：退出。

（6）课程

包括课程目标、课程内容、课程实施和课程评价等，按照课程组成要素进行课程设置和完善。

3. 信息平台操作

在手机上安装指定APP，进入登录页面，选择身份"教师"或者"学生/家长"。体育教师、校领导、班主任通过"教师"身份登录，学生或家长通过"学生/家长"身份登录。

信息平台的进入对象分为校领导、班主任、体育教师和学生/家长4个主体。主体不同，赋予的功能不同，其操作也不同。

（1）体育教师

以"体育教师"身份进入，有5个数据测评和分析功能模块，包括"首页""体测""管理""我的"和"设置"。具体操作和功能见前文信息平台功能介绍。

（2）校领导

以"校领导"身份进入，有5个数据测评和分析功能模块，包括"首页""体测""管理""我的"和"设置"，但在体测模块中没有"成绩录入"功能。

（3）班主任

以"班主任"身份进入，有5个数据测评和分析功能模块，包括"首页""体测""管理""我的"和"设置"。与"体育教师"相比，不同之处主要体现为两点。

①在体测模块中没有"成绩录入"功能。

②在体测模块的班级列表中只有自己在带的班级的信息。

（4）学生 / 家长

以"学生 / 家长"身份进入，有 5 个数据测评和分析功能模块，包括"首页""体测""管理""我的"和"设置"。由于小学生不可以人人使用手机，所以登录者或操作者可以是家长，家长可以了解学生的身体素质和状况。学生 / 家长在"首页""体测""管理""我的"4 个功能模块中只能看到数据的操作，在"设置"功能模块与体育教师、校领导和班主任具有同样的功能。

（二）体质健康测试数据分析

1. 学生个人纵向、横向比较数据分析

学生体质健康测试各指标得分、成绩、班级排名、纵向值等，学生其他指标测量结果分值。

2. 班级间横向比较数据分析

学生体质健康测试班级各指标平均值，学生体质健康测试总分不及格、及格、良好、优秀等分段比例，体质健康测试总分新增不及格率、持续不及格率、优秀掉线率等。

3. 学校整体数据分析

学生体质健康测试总分不及格、及格、良好、优秀等分段比例，体质测试单项分数最低项和最高项、新增不及格率、优秀掉线率、持续不及格率等（按班级及体育教师任课班级区分）。

4. 精准干预数据分析

优秀预警、不及格预警学生的干预效果要按照体育教师、班主任负责的班级进行统计，最后进行横向比较、纵向分析。

（三）运动与健康干预反馈

为了促使体质发展较差、不均衡的学生积极参与日常体育锻炼，重庆市东港学校制定了运动与健康干预方案，旨在通过精准干预提升学生整体体质健康水平。

1. 干预人群

①体质健康测试总成绩排名后 5% 者；

②体质健康测试总成绩不及格者；

③ BMI 指数显示为"肥胖"者；

④各单项成绩不及格者；

⑤体质健康测试成绩后进班级。

2. 干预路径

（1）体育课堂干预

体育教师上课时关注本班需要干预人群，并根据实际情况个性化指导体育活动。

（2）班级活动干预

班主任在大课间、班级活动中重点关注需要干预人群，并有针对性地安排相应的体育活动。

（3）大课间、课外活动干预

利用大课间、课外活动组织被干预学生，进行统一的技能训练或者力量、柔韧、有氧耐力等练习。

（4）校外干预

利用手环（计步）、信息化手段（自动布置作业）和家长一起进行校外运动与健康干预，以达到改善相应指标的目的，促进学生锻炼习惯的养成。

3. 成效检验

每年筛选出来的干预人群，经过一年的干预后要进行量化测量和分析，计算出干预有效率。

（四）运动与健康课程管理解析

1. 设立学校体育组织机构

学校体育组织机构一般由四级组成：校长—教务处—体育组、卫生室—班级委员会。

①明确各级组织的权限、职责与任务；

②确立与课程相关的制度、规定与办法，分工明确；

③协同工作，形成课程管理共同体。

2. 体育课程主要教学形式

①学校体育课程；

②学校开展的体育训练、比赛、表演、课间运动等活动；

③引导学生参与校外自主锻炼。

3. 学校体育师资队伍职责

根据上级教育主管部门要求，学校须按比例配备专兼职体育师资，其主要工作职责如下。

①体育教师必须承担学校规定的课堂教学任务，并开发校本课程；

②体育教师与行政、教学辅助、科研、医务等人员互相配合，做好健康教育工作；

③体育教师承担一定数量的科研工作任务，骨干教师要积极参与教研活动策划；

④做好体育器材的维护、保管、购置等工作；

⑤做好体质健康测试、运动会、卫生健康教育等大型活动的分内工作；

⑥组织策划好学生二、三课堂内容。

4. 体育课程分类及具体任务

（1）体育学科课程

第一，教师认真落实国家体育与健康课程标准、重庆市体育与健康课程标准实施细则和学校特色课程的建设，目标明确，保障课程时数、学时数。

第二，教师制订学校体育水平计划、学年计划、学期计划、单元计划和课时计划。

第三，教师准备国家、市区、学校各类教学技能比赛，不断提升自己的教学能力。

（2）体育活动课程

第一，教师制订体育活动类课程计划，按计划实施。

第二，教师认真做好现代学校体育特色项目建设工作，责任到人，分工明确。

第三，教师根据特长，分配好校外代表队的训练、比赛与指导工作。

第四，教师做好校内体育运动会、体育活动的策划、组织、指导、裁判、协调与管理工作。

第五，教师、班主任、辅导员等做好早操、体育大课间活动。

（3）延伸课程

教师利用信息技术等手段做好课程延伸、健康干预等工作。

5. 学校体育与健康工作评价

各级组织和成员对课程过程、阶段和效果做出评价，反馈信息，形成闭合回路，不断循环前进。

第二章 新兴体育项目开发与推广

新体育项目一词是 1979 年在日本首先开始使用的日式英语，即 new sports，它是指 20 世纪后期在日本新开发推广的欧美国家的体育项目以及经过改造的近代体育项目的总称。这些体育项目是以锻炼身体、增进健康、休闲娱乐为主要目的，不需要很高的技能和很长的训练时间，简单易行，趣味性很高的身体活动。尽管"新体育项目"的提法已经不算新鲜，但与此相关的研究却非常少。中国知网中以"新体育项目"为关键词的研究不足 10 篇。比较有代表性的有：李捷用文献资料法等分析新体育项目的发展背景、特征，说明了新体育项目在我国大众健身中的实际发展情况。李沛立把排球作为新体育项目中的一种，探讨从排球运动群开发谈新体育项目创造过程的基本思维方法。刘旭东将体育项目的演进作为切入点来研究，解读了新体育项目发展现状和存在的问题。吕高飞在《大学体育教育理论与实践》一书中对新体育项目的内涵、特性与分类做了较为详尽的说明。以"新兴体育"为关键词检索，知网中与其相关的研究仅有 12 篇，研究者多从新兴体育开展的现状和教育教学两方面来讨论，研究角度比较单一。由此可见，新体育项目和新兴体育项目有较大的待研究空间。

第一节 轮滑运动概述

轮滑是一种将特别的溜冰鞋作为比赛工具的竞赛项目，也是一种日常休闲的新兴运动。轮滑鞋分为双排轮滑鞋和单排轮滑鞋，两种类型的轮滑鞋又有各自的项目，我国轮滑发展较晚，但由于轮滑趣味性高，普及快，已列入全国运动会比赛项目。比较大众化的轮滑鞋包括速滑鞋、平花鞋、极限鞋、速降鞋、休闲鞋、越野鞋等都有很强的娱乐性，从速度或技术上都很有趣，既可以个人单独练习又可以群体游戏。所以无论是平时的休闲运动还是朋友、同学之间举行的小型比赛，通过轮滑这项运动，可使人们从平时紧张、繁重的学习和工作中解脱出来，适当进行一些运动，从而达到身心放松的目的。轮滑还具有健身性高的特点，轮滑是一项全身性运动，它能促进心脑血管系统和呼吸系统机能的改善和代谢作用的加强，例如，促进心脑血管系统和呼吸系统机能的改善，能增强臂、腿、腰、腹等各处肌肉的力量和身体各个关节的灵活性，特别是对人的平衡能力有很大的提升作用。

轮滑兴起后，得到了广大群众的推崇、青睐和积极参与。政府及相关职能部门在政策方面指导和协同推进，国家体育总局在第十三届全国运动会上设置轮滑项目，国家体育总局社会体育指导中心设有中国轮滑协会。中国轮滑协会是具有独立法人资格的非营利性全国体育社会团体，是中华全国体育总会的团体会员，是代表中国参加国际轮滑组织的唯一合法组织。中国轮滑协会所管辖的轮滑运动项目包括使用各种滚轴类鞋、板等类似器材在各种场所进行的速度轮滑、花样轮滑、轮滑球和极限轮滑（滑板）以及经国家体育总局审定的归类项目的比赛、训练、表演、培训、健身、娱乐等活动。同时，国家体育总局与教育部协同从"体育系统"和"教育体系"同轨推进。首先，为了进一步推动轮滑运动的有序发展，培养全国高校和中小学校园轮滑项目的骨干师资，促进轮滑项目在各级各类学校的普及与推广，中国学生体育协会和中国轮滑协会共同组织全国速度轮滑教师、教练员训练营和中国中小学轮滑教练员培训班；其次，轮滑进校园系列活动推广，自 2012 年教育部和国家体育总局联合开展阳光体育"轮滑神州"校园行活动以来，这项活动得到了各省市体育和教育部门的普遍支持，以及广大青少年轮滑爱好者的积极响应，成为全国轮滑运动的品牌活动。与此同时，教育部将轮滑这项健康阳光的运动列入九年义务教育的体育选修课中，开启了新的篇章，"许多小朋友发自内心地喜爱轮滑，在飞奔过程中享受轮滑带来的'飞一样的感觉'"。在趣味性团队游戏中，可以收获运动的快乐，家长很支持孩子参与从摔倒开始学习起步的轮滑运动："孩子在练习中增强了意志力，对情商的培养起到了积极作用。"此外，浙江工商大学还成立了轮滑产业研究院。在国家体育总局和教育部等相关职能部门的指导下，全国各级政府部门在轮滑推动上协同跟进。首先是世界轮滑之都——南京。2014 年 12 月，南京市政府与国际轮滑联合会签署了打造"南京·世界轮滑之都"的合作协议。此后，南京先后举办了丰富多样的轮滑活动，修建了速度轮滑场地赛场，筹建了全球首座轮滑博物馆，组建了市速度轮滑队。2016 年 2 月 1 日，国际轮滑联合会授予南京"世界轮滑之都"称号，南京成为世界上第一个获得该荣誉称号的城市。2016 年 9 月，南京又成功举办了 2016 世界速度轮滑锦标赛，2017年8月27日至9月10日，南京还举办了首届全项目轮滑世锦赛，来自世界各地的4000多名运动员、教练员和随团官员会聚南京，共享轮滑盛宴，实现了世界轮滑大家庭的大团聚。其次是北戴河人民政府、丽水人民政府、中宁人民政府、武夷山人民政府、承德人民政府、西昌人民政府、海宁人民政府和克拉玛依人民政府等与中国轮滑协会共同打造轮滑赛事和旅游项目。

轮滑全项目10大项目分别为花样轮滑、高山速降、轮滑回转、自由式轮滑、单排轮滑球、双排轮滑球、极限轮滑、滑板、速度轮滑、轮滑阻拦赛。

一、花样轮滑

花样轮滑是一项艺术与运动相结合的体育项目，除了要掌握控轮技术外，对运动员的艺术表现力也有极高的要求。在音乐伴奏下，运动员穿着轮滑鞋在木质地板上滑出各种图案、表演各种技巧和舞蹈动作。

二、高山速降

高山速降也称为坠山，就是利用各种速降运动平台从小山等高处高速下山，在轮滑项目里主要包括速降单排轮滑和速降双排轮滑。

三、轮滑回转

轮滑回转源于高山滑雪比赛项目，"回转"比赛在覆雪的山坡上进行，线路上设置多种形式的旗门，组成障碍，运动员从山顶沿线路连续转弯穿越旗门障碍下滑。比赛分回转（中坡）、大回转（大坡）、超级大回转（超大坡）三种，每种赛事都有不同的起点终点高度差要求。由于场地和安全条件的限制，轮滑回转通常只能举办"回转"和"大回转"赛事。

四、自由式轮滑

自由式轮滑可以较自由地进行轮滑运动，不受限制。自由式轮滑的种类也比较多，可以刷街，也可以做一些简单的滑行动作，可以说只要穿上轮滑鞋就可以享受自由式轮滑的乐趣了。

五、单排轮滑球/双排轮滑球

轮滑球这一新兴竞技运动以其超乎寻常的惊险、刺激吸引了大众的注意力，成为一大体育娱乐热点。比赛中双方队员脚穿单排轮滑鞋或双排轮滑鞋，手持曲棍，通过传球、控球，最终将一个小而硬的圆球射入对方球门得分获胜。

六、极限轮滑

极限轮滑也叫特技轮滑，按个人意愿与习惯可以选用直排或双排极限轮滑鞋，极限轮滑被年轻人所追捧，主要分为自由轮滑（FSK）和专业场地，专业场地分道具赛场地和半管（U型池）场地。

七、滑板

滑板项目可以说是极限运动的鼻祖，许多极限运动项目均由滑板项目延伸而来，而今已成为地球上最"酷"的运动。滑板的技巧主要包括：在U台上、带板起跳等。

八、速度轮滑

速度轮滑类似速度滑冰，是以单排、双排轮滑鞋为比赛工具的竞赛项目，具体项目有场地赛、公路赛和马拉松赛等。

九、轮滑阻拦赛

轮滑阻拦赛又被称作轮滑德比，参赛选手脚穿双排轮滑鞋，在椭圆赛道上由两支队伍竞赛，不光是比速度，还要比身体对抗。在制服上，该赛事又加入了现代的时装元素，具有很强的观赏性。

第二节　项目开发与推广

一、现代信息技术助力

（一）基于信息技术的新体育项目的功能性开发

基于项群理论，开发以轮滑、少儿田径、花样跳绳、软式棒垒球、少儿门球、飞盘等为代表的新兴体育项目的创新性功能，发明专利，以项目的功能性开发为研究重点。在新兴体育项目的推广方面，主要包括四种路径：一是建立或参与市级、国家级竞赛平台；二是搭建学校日常训练平台；三是搭建校外实践平台；四是建设项目推广平台。

（二）基于信息技术的新体育项目的课程建设

依据儿童成长与发展的规律与需求，全方位地构建一套新体育项目的训练体系，创新教学模式，开发新兴体育项目课程。

二、多元推广、协同前行

（一）协同推进

巧妙破题，协同前行。协会、家庭、社区、行业、俱乐部和学校六方面需要在协作中前行。

1. 协会：承上启下

"承"是指根据业务主管部门、政府职能部门的安排完成任务，"启"是指与家庭、社区、行业、俱乐部和学校进行对接。

2. 家庭：鼎力支持

因为"爱"选择了"轮滑"运动，期望孩子学有所成，倾"金"注"血"；若未达到期望，则转。

3. 社区、行业：锦上添花

社区、品牌商在行业中，宣传品牌并参与活动交流，协同协会、俱乐部、学校完成各类活动，让家庭和社会大众认知轮滑运动。

4. 俱乐部：与时俱进

与：与政府、协会协作；与同行、学校协同；与家庭接洽融合；与内、外部接轨。

时：时代、市场需求同步；时间规划在前；提升处事效率。

俱："具"有观念意识；"具"有人力、物力；"具"备资质、资历。

进：进取精神；成果进步；事业稳进。

5. 学校：如虎添翼

学校应重点打造体育文化特色，上帝没有给予翅膀，选择"轮子"载其飞翔。

（二）科技助力

利用现代信息技术助力课程和运动推广，把运动技术动作拍摄成视频音像，通过中国轮滑协会和重庆市轮滑协会下发至各会员单位。另外，将其上传至网络和轮滑协会公众订阅号，通过在线精品课程、网络视频传播和互联网等现代化传播方式传达，提升项目的认知度，促进其推广与传播。同时，通过网络和媒体传播竞赛视频，重庆影视频道《全民动起来》、重庆生活频道《校园体育》、重庆微体育（体育局官方公众号）、重庆晚报、人民网、华龙网和重庆市大众体育网等媒体以及公众号和报纸等，进行现代信息技术背景下"轮滑＋媒体＋网络"媒体体育运动推广，加大对新兴体育项目的认识度和参与度。

（三）竞赛交流

以教学为手段，以竞赛为平台。运用教学实践探索的新兴体育项目轮滑运动，通过教学竞赛和竞赛活动得以呈现，不断完善和丰富。通过"教学实践—课堂竞赛—比赛反馈—回归教学"的路线，实现从教学中来，回到教学中去的教学改革，使运动项目探索具有可行性和实操性。

（四）走进校园

编著相关教材教程和轮滑运动推广需要的实施方案、文件及教材，通过轮滑校园行活动，以中小学和幼儿园为主要服务对象，把"教材+课程+技术"送至中小学和幼儿园以及轮滑俱乐部，与中小学和幼儿园建立"稳固、持久、有效"的合作机制，加快校园轮滑运动的普及和推广，在普及和推广轮滑中促进新兴体育项目轮滑运动开发。

三、推广路径

2017年7月，国家体育总局和国家旅游局印发《"一带一路"体育旅游发展行动方案》，方案提出，在"一带一路"相关区域形成一批精品体育旅游赛事、特色运动休闲项目、有竞争力的体育旅游企业和知名体育旅游目的地，到2020年，体育旅游人数占该地区旅游总人数的比重超过15%。方案指出，体育旅游是体育产业与旅游产业深度融合的新兴产业形态，大力发展体育旅游是丰富旅游产品体系、拓展旅游消费空间、促进旅游业转型升级的必然要求，是盘活体育资源、实现全民健身和全民健康深度融合、推动体育产业提质增效的必然选择，对于培育经济发展新动能、拓展经济发展新空间具有十分重要的意义。"一带一路"沿线国家和地区具有丰富的体育旅游资源，体育旅游发展潜力巨大。方案从加大体育旅游宣传力度、培育体育旅游重点项目、加强体育旅游设施建设、促进体育旅游装备制造、推动体育旅游典型示范、发展体育旅游目的地、打造体育旅游合作平台、强化体育旅游智力支撑八大行动领域明确了20项行动措施，并提出以新发展理念引领体育旅游产业跨越发展：①体育旅游将丰富旅游产品、拓展旅游消费空间、促进旅游业转型升级，同时盘活体育资源、实现与全民健身的深度融合。②政府将更多以引导和扶持为主，推进体育旅游的体系建设和行业监管；企业将成为体育旅游市场化发展的主体，借助全民日益增长的体育旅游休闲需求快速发展壮大。③以"一带一路"为突破口，将加快国内沿线地区体育旅游资源的融合发展，推动与沿线国家体育旅游的深度融合，将体育旅游打造成文化交流的重要平台。培育赛事活动旅游市场，重点发展市场基础好的群众性体育赛事活动，促进体育赛事与旅游活动紧密结合。引导旅游企业推广体育赛事旅游，鼓励旅行社结合国内体育赛事活动设计开发体育旅游特色产品和精品线路。支持发展具有地方特色、民族风情特色的传统体育活动，推动特色体育活动与区域旅游项目设计开发、体育文化保护传承和民族地区的体育旅游扶贫相结合，打造具有地域和民族特色的体育旅游活动，分期分批推出"全国重点体育旅游节庆名录"。

同时，重庆市体育局关于印发《重庆市体育产业发展规划（2016—2025 年）》的通知中提到完善公共体育设施。以推进体育基本公共服务均等化为目标，加强基层体育公共服务设施建设，因地制宜配备健身步道、篮球场、足球场、乒乓球场、网球场、轮滑场、室外健身器械、健身广场等设施，满足群众多样化的运动健身需求。深入挖掘竞赛表演市场潜力，促进赛事与市场融合，发展多层次、多样化的体育赛事活动，打造一批有影响力的国际性、区域性品牌赛事，形成独具特色的竞赛表演市场体系。

轮滑运动在重庆市的推广路径和发展如下。

（一）轮滑 + 旅游

以万盛区国家轮滑赛训基地为例，万盛经济技术开发区（下称"万盛经开区"）是重庆市重要的能源基地，拥有万盛石林、黑山谷两个国家 AAAAA 级景区，是重庆市唯一的旅游经济试验区。2017 年 12 月 14 日，国家体育总局社会体育指导中心、重庆市体育局和重庆市万盛经开区管委会在重庆万盛正式签订《共建国家轮滑（滑板）集训队、训练基地合作协议》，标志着全国首个国家级全项目轮滑赛训基地正式落户，整合集中轮滑 10 个项目，建立综合训练基地，这在全国尚属首例。这一基地将承担国家队训练任务，举办国际和国内全项目轮滑锦标赛和相关群众赛事，广泛开展项目培训与推广，还将面向大众开放，打造以轮滑为核心的极限运动体育园区，集训练、竞技、表演、休闲、旅游等功能于一体。万盛轮滑基地将依托已有基础建设轮滑场馆设施，建成投用后可开展所有轮滑项目的比赛和训练。轮滑被列为 2020 年东京奥运会的正式比赛项目，加之此前国家体育总局已启动"轮转冰跨项选材"计划，这些都为轮滑运动的发展带来了新机遇。万盛经开区负责人表示，借助国家全项目轮滑赛训基地的打造，万盛将迎来新一轮深化实施全民健身战略的机遇，在推动群众体育、竞技体育和体育产业协同发展、互相促进、全面发力以及推进万盛资源型城市转型发展中发挥更大的作用。

2019 年 4 月 25 日，国家轮滑（滑板）全项目赛训基地奠基仪式完成，国家轮滑（滑板）全项目赛训基地建设有序开展。

（二）轮滑 + 商贸

在重庆市沙坪坝区重庆融创茂修建的 2500 平方米西南最大国际 B 级滑板赛场（见图 2-2-1），配套设备完备，未来可以承办 Vans 职业联赛和中国滑板联赛，打造轮滑与商贸融合项目，让越来越多的体育与商贸进行融合。

重庆融创茂是基于体育经济生态圈培育的业态缩影，以一个内在多元的购物中心——重庆融创茂，一个开放式主题乐园——重庆融创渝乐小镇，融创万达文华酒店领衔的酒店集群，以及顶级秀场、超十万人大社区等多元化业态为载体，合力构成了这座庞大的重庆融创文旅城。位于重庆融创茂出口处的滑板公园，总占地面积 2500 平方米，是西南首个国际 B 级专业滑板赛场，可满足多项国际级轮式运动赛事需求。这在很大程度上会为项目注入大量的体育客群——这是商业项目最为稀缺的关联性、目的性客群，他们对相关场所具有高黏性和固定造访的刚需。而跟随赛事诞生的不同造访节点，则对项目全时客群的导入，起到了极佳的补充作用。从项目招商口号到后期运营引流，这一场地的存在，在年轻客群的定向挖掘层面，都符合时下商业项目对业态创新的需求。当然，除了这个体育竞技生态圈中的"老大"——滑板公园外，重庆融创茂里的雪世界、水世界、海世界等，和滑板公园的逻辑一样，都将用更多"专业赛事"的引进，来和细分客群实现消费对话，包括重庆融创茂里的雪世界配备的专业滑雪赛道、海世界里规划的浮潜基地、1900 平方米超大穹顶中庭体育赛事共享中心，也都会一一呈现。

图 2-2-1　西南最大国际 B 级滑板赛场

（三）政府 + 社会组织 + 体育

体育体制分为政府主导型、政府主导与社会组织结合型和社会组织主导型三种，美国和德国以社会组织主导型体育体制为主，英国、日本和韩国等国家以政府主导与社会组织结合型为主，朝鲜和古巴以政府主导型为主，我国的体育体制正在逐步实现社会组织脱钩，走向政府主导与社会组织结合型的体育体制。政府与社会组织权责逐步清晰，市场也需要更多的社会组织活跃起来。

引导和鼓励规范区县、学校、联盟和俱乐部各类体育赛事市场化运作。鼓励社会力量投资赛事，举办各类体育赛事，创建自主品牌赛事。由政府举办的公益性赛事原则上采取购买服务方式办赛，逐步将政府购买服务方式推广到社会主体举办的商业性和群众性体育赛事，允许赛事所有权归企业或区县体育协会。鼓励轮滑品牌商或销售代表向组织、承办体育赛事的市场主体提供技术、规则、器材等方面的指导和服务。实施体育赛事评估制度，对引入赛事进行前期遴选评估和后期绩效评估，确保赛事经济效益和社会效益有机统一。加强赛事举办事中事后监管，完善体育赛事和活动安保服务标准，推进安保服务社会化，进一步优化赛事举办环境，降低赛事和活动成本，防范办赛安全风险。协会在发展中，不断完善机构设置、修改制度和组织实施。听取建议，不断革新，对优秀的轮滑从业者和爱好者进行考核和聘用，增强协会生命力。建立常态化的管理和服务机制，加强对体育培训机构的监管，规范培训市场经营秩序，推动轮滑项目的广泛开展和良性发展。

（四）教育 + 体育

重庆市教育委员会和重庆市体育局携手推进"校园轮滑"赛事，鼓励场地修建和赛事举办，继续推进轮滑校园行活动和"中国轮滑运动示范学校"及省级示范学校的评选。为了促进我国轮滑运动的普及与发展，丰富全国轮滑大联动活动内容，提高轮滑相关科学研究、创新创业、课程开发和优秀案例展示水平，2020年全国轮滑大联动科报会定于2020年6—9月在线举行。本次科报会也是全国首次举办的以"轮滑"为主题的科报会，由中国轮滑协会主办。为切实做好全国轮滑科学创新研究成果的遴选工作，征集全国轮滑科研论文、创业设计、课程说课、优秀案例四个模块的突出成果。本次活动以习近平新时代中国特色社会主义思想为指导，深入贯彻党的十九大和十九届二中、三中、四中全会精神，全面落实全国教育大会精神，推进《国务院关于印发全民健身计划（2016—2020年）的通知》《国务院办公厅关于强化学校体育促进学生身心健康全面发展的意见》的实施，紧密结合全国轮滑综合改革和发展的实际，紧紧围绕轮滑相关的教育科研改革发展重大理论与实践问题、热点难点问题以及轮滑运动训练、教学、竞赛、管理、产业发展中迫切需要研究和解决的重要问题，组织开展项目研究，为轮滑运动发展提供决策参考，"科教助力，协同前行"，为轮滑改革创新和提升项目影响力提供理论支撑和智力服务。

第三章　现代信息技术背景下的课程建设

第一节　基于现代信息技术的课程构建

　　当前我国高等学校体育课程建设和实施的主要依据是教育部 2002 年颁布的《全国普通高等学校体育课程教学指导纲要》（以下简称《纲要》），《纲要》中对大学体育课程的性质、目标、内容、方法、评价等做了明确的说明。但是当前大学体育课程还存在较多弊端，如大学生终身体育意识淡薄、课外锻炼及健康管理缺乏、大学生体质健康水平日益下降等。新形势下，翻转课堂、慕课等新型教育模式给传统教学带来了较大冲击，智能可穿戴设备及大数据等在职业体育中有较为成熟的应用，但大数据在体育课堂中的应用却一直处于探索阶段。新的教育模式和信息技术的发展迫使大学体育面临以下转变：从以教为中心向以学为中心转变；从以知识传授为主向以能力培养为主转变；从以课堂学习为主向多种学习方式转变。对于大数据在体育课程改革中的应用研究符合当前教育课程建设的趋势。大数据作为体育课程的辅助工具，能够对体育教学中产生的数据进行收集、分析、应用，为体育课程改革和提高大学生体质健康水平提供了新的方向。发达国家在教育领域的大数据相关研究和应用已经取得了一定的成果，我国对于大数据应用于大学体育的研究有一定的理论成果，但实践应用极少。本课程建设是基于大数据背景，将大数据等信息技术应用于高等学校大学体育课程建设，能够切实促进大学生终身体育意识和锻炼习惯的养成，改善大学生体质健康状况。

　　此外，还有小学体育课程，小学体育课程建构问题始终是学校教育领域体育课程开发、改革探索与研究的重点问题，对此问题的生成背景、理论依据、实践模式、解决策略和评价体系等方面已产生了代表性的研究成果。整理与分析这些研究成果，主要聚焦于以下四点：①通过开发体育课程来建构体育学科课程；②通过增加或补充身体活动来丰富体育活动课程；③通过改造有限的场馆器材设备来支撑体育课程；④通过增加、培养学校体育教师来发展体育课程。这四种建构分别从内部环境干预、外部环境预设的视角对小学体育课程体系建构路径进行了探究，也形成了实操性较强的解决方案，对小学体育课程体系重构具有较大的借鉴价值和践行意义。但深究会发现，这些研究对小学体育课程实施过程中的两个主体性因素——小学体育教师和学生，在小学体育课程体系建构中的交互关联未做深度的探索，缺乏身体主体空间性与时间性联系的策略性阐释和解读，更缺乏主体空间性与时间性联系对于外部世界的关联与建构。对教师、家长而言，儿童接受良好的体育教育主要体现在儿童对体育课程的参与性、安全性和适应性方面。小学阶段的体育教育主体是儿童的身体教育，让儿童的意识（灵魂、精神）、身体与世界建立开放的联系，正常的身体有一种身体图式，它能在身体空间和外部空间之间形成一个相互蕴含的实践系统。它不仅是儿童的身体在当前实际情境中所采取的位置和姿态的系统，还能作为同一系统无限变化的等价系统而应用到其他的情境中。借助这种"可以向各种运动任务变换的不变式"，各种各样的行为结构就立即成为可相互变换的了。只有当这种图式固定在身体中时，我们才可以说具有了身体，由此可见身体教育具有极高的价值。

基于此，想要践行人的全面发展与个性化发展，就需要建立一个"大"理念，即大教育、大体育、大健康、大环境、大生活、大数据、大课程、大课堂来探索"未来教育"。随着现代社会智慧课堂的涌现、科学技术的发展，教学也发生了转变，校内校外、课内课外、线上与线下融合，未来教育的大课程、大课堂的模式已经显现。因此，研究课程、教师、教学媒体重构问题，使儿童与教师的主体性、主体间性和主体生成整体发展，才能体现教育的最佳效能。

20世纪90年代以来，学科课程改革大都是围绕"主体性"这一主题展开的，都把发展学生的自主性、主动性、创造性，促进学生的主体性发展以及教学过程的民主化、个性化放在首位。主体性是从人的意识主体方面展开的研究。可将"主体"理解为一种过程和历史，"人的根本特征在于始终是一种'未完成的动物'，是一种逐步'生成'自己的动物。人的本质的变动性和生成性是人区别于天使，特别是区别于上帝的根本性内容。"身体是一个统一的身体，它不是各个器官的外在组合，而是其各部分相互包含，即身体空间是一个相互蕴含的空间。身体是一个原初的空间，只有在身体空间的基础上，我们才能设想并开创外部空间。拥有一个身体，就会拥有变换平面和理解空间的能力。精神（心灵、意识）、身体和世界（自然世界和文化世界）这三者构成了一个相互蕴含不可分割的垂直统一系统。在这里，世界是一个主体间的世界，身体是枢纽，使意识和世界得以联系。因此，儿童的成长是在意识、身体和世界统一体中的成长，而身体教育是一个更为本源的问题。正常的身体有一种身体图式，即"身体记忆"，是指身体和环境之间相互蕴含，身体已经把某种行为模式作为身体图式记在内中了。世界的统一性是与我们身体的统一性密切相关的。只有当我们实现自身的身体功能时，我们才能挺身走向世界。身体是我们拥有一个世界的一般方式。或者说，作为心身统一体的身体本身就是一个最原初的世界，其他的诸世界都是围绕遇到我们的身体世界而展开的。因此，儿童主体性的身体主体性教育比我们传统的体育教育更具价值。要知道，年龄小的孩子更需要知识丰富的人教育，更需要多种知识的传授和更开放的学习活动空间。小学体育教师是一种高度综合性职业，其责任是激活学生的身体主体性，教给学生关于世界整体性而非学科性的知识、技能与态度，对学生进行全面性而非割裂性的体育教育。这就要求小学体育教师具有学科交叉的知识，还要有运动训练、锻炼、竞赛、护理、健康等知识与技能。因此，小学体育教师要"越出校墙"进行多元化的知识重构。

理念，解决发展方向、发展道路和目标选择的问题。知识，则解决如何根据确定的发展方向去实践从而实现目标的问题。课程理念是课程建设的灵魂，是课程性质、信念、开发、理解、实践五位一体的产物。对于小学体育课程而言，在这五方面形成对课程理念的正确认识，是成功建设小学体育课程的先决条件。有不同的理念和知识，就会有不同理念和知识支撑下的实践，终身身体活动是新的体育教育理念，以此为指导思想来进行小学体育课程的知识和身体活动实践。

体育教育是一个复杂的系统，包括观念、知识、技能、情感、秩序、规则、情境、角色、空间、时间、器材、设备等因素，在学校体育思想发展的历程中主体性呈现出不同的形态，主体性思想蕴含在不同思想流派的身体观、体育观、健康观、儿童观和课程观中。基于主体性的体育课程目标具有不同取向，包括行为性目标、生成性目标、表现性目标。按体育课程的功能分为身体发展、动作发展、心智发展和社会发展；按学生个性的结构或学习领域分为认知领域、动作技能领域和情感领域；按知识观可分为事实性知识、概念性知识、程序性知识、元认知知识。课程研究领域从"课程开发"走向"课程理解"。体育知识本身具有非逻辑性、非结构性、不确定性和情景性的特征，是个体的知识。西方体育与东方体育相比，对自然的态度不同，或者说对人与自然关系的理解、思维方式不同。西方重视人与自然的征服关系，重视冲突性、竞争性以及渗透其中的主体自我的个性；东方强调"天人互益"。因此，小学体育课程在理念思考上是开放、多元、多维、多层次的网络路径。

意识主体让师生明确了人对体育的思想理念的认知，身体主体的空间性和时间性确定了小学体育课程应在更加广阔的时空中开展，才能与意识、世界建立开放的联系。也就是说，应从课程、教师和媒介三大领域进行重构，以游戏精神来认识和理解、体验体育课程。其路径以身体活动的动作学习的学科类课程为主，以正式的竞技运动比赛、课外体育活动和体育文化活动的活动类课程为辅，以在线类课程为补充，结合自发的身体游戏活动，共同构成小学体育课程模块群体系。学科类课程模块由基础课程群、拓展课程群组成，其中基础课程群是针对儿童体育教学的"基础需求"而设计的，分为儿童田径、儿童体操、儿童游戏三大类。田径是体育运动之母。儿童田径是以短跑、耐力跑、跳跃、投掷等田径基本项目为内容的活动游戏，将更多的趣味性内容融于田径运动中，通过对传统田径项目进行系统的改造，如降低动作难度、简化竞赛规则、改变组织形式、提供适合的器械等来激发少年儿童参与田径运动的兴趣，培养少年儿童的基本田径技能，让其在享受快乐田径运动游戏的同时，提高身体素质、培养团队精神、树立拼搏竞争的决心和信心。田径运动可以解决当前学校体育中存在的众多难题，如安全性差、趣味性不足、体育场地稀缺、教师能力有限等，可以在体育课堂、学校运动会、大课间活动以及运动训练等学校体育的各个环节中应用，因而在欧美等发达国家的学校体育中被广泛采用并获得了成功。体操是体育运动之父。国际奥委会认为体操是所有陆地运动项目的基础。儿童体操将体能锻炼、音乐、舞蹈和形体训练等有机结合起来，通过多种训练方法让孩子在娱乐中锻炼，达到提升智力、增强体质、塑造形体和培养优雅气质的目的。针对儿童体能"阶梯式"发展需求，让学生学习并体会不同强度与形式的基本体操、韵律操、啦啦操、轻器械操等课程，保证学生能够全面地学习各类儿童体操知识和技能。复杂运动创造复杂的大脑，复杂有序化的大脑是聪明大脑的基础。大脑越复杂孩子越聪明，体操项目就是最复杂、最精细的体育项目，玩体操会使脑细胞的网络结构更复杂、更有序，所以玩体操会让孩子更聪明。

特色拓展类课程群是根据儿童未来教学过程中的"发展需求"而开发的。首先是体育启蒙教育构建，即在儿童时期运用游戏、动作学习、感知以及情景等教学，引导儿童对各种动作、技术、运动形成最初的认知与兴趣的早期身体教育。由于其对儿童运动兴趣的激发与终身体育锻炼习惯的养成有重要作用，近年来开始受到广大家长、小学、企业、行业、俱乐部与协会的青睐。因此，体育启蒙教育能有效提高儿童进行身体活动的能力。其次是紧跟小学体育的发展步伐，特色拓展模块特意设置了流行的儿童运动技能课程。既有轮滑、花样跳绳、滑板、空竹、小轮车、独轮车、中华射艺等发展儿童平衡性与协调力的个人项目，又有飞盘、软式棒垒球、攀爬、攀岩、排舞、户外运动与定向越野等培养儿童意志品质与协作精神的团体型项目，还有益智的棋类、牌类、手指运动、电子竞技、航模、机器人大赛等项目。通过对新兴儿童体育项目的推广，革新儿童体育知识、技能。最后是拓展儿童身体教育思路，开阔学生视野。特色拓展模块可以介绍"冬季耐寒训练""冬季持久走大会""魔鬼训练"、体育智能教学、智能体育等国内外儿童身体教育。

体育课程学科类课程群如表 3-1-1 所示。

表 3-1-1　学科类课程群表

项目类型	子项目	项目内容
体育启蒙教育	球类启蒙项目	小篮球、小足球、小排球、乒乓球、羽毛球等球类项目的体育启蒙教育
	田径类启蒙项目	儿童基本的走、跑、跳、投等身体素质练习方法及田径各项目的启蒙教育
	体操类启蒙项目	不同强度与形式的基本体操、形体练习、韵律操、啦啦操、体育舞蹈、健美操、轻器械操及器械类等各类儿童体操知识和技能的启蒙教育
	武术类启蒙项目	儿童徒手类与器械类武术项目的教育与儿童尚武精神的培养
	游泳类启蒙项目	学习儿童游泳的基本动作、基本技术以及水中游戏及其注意事项与救护措施等内容
	民族类启蒙项目	花绳、空竹、舞龙、舞狮、打鼓、拔河、中华射艺、毽子、摔跤、竹铃球、打陀螺、珍珠球、竹球、抢花炮、跳竹竿、板鞋竞速、踩高跷、滚铁环、木球、龙舟、秋千、高脚竞速、风筝、民族健身操（锅庄舞与摆手舞）、棋类、牌类、儿童门球、冰雪运动等民族传统体育项目启蒙教育
	新兴类启蒙项目	轮滑、滑板、小轮车、飞盘、软式棒垒球、攀爬、攀岩、排舞、街舞、户外运动、定向越野、手指运动、电子竞技、航模、机器人大赛、瑜伽、体能训练等体育项目启蒙教育

有效的体育要么依赖于劳动要么依赖于运动。玩耍和运动有助于儿童情绪的发展，有助于提高学生的成绩和考试分数，能让他们的认知获得最优的发展。

运动的关键作用是强健或改造大脑，不仅可以健身，还可以健脑，运动能让儿童更聪明。

在体育课程发展过程中，竞技教育模式在 20 世纪 80 年代才兴起。该模式把体育内容定义为竞技活动，认为竞技可以教给学校中的所有学生，好的体育比赛既有趣，又有教育意义。竞技被定义为游戏性竞赛，是从游戏教育中吸取的主要概念。体育是"游戏性的"身体竞赛。现代体育哲学强调以身体活动为手段达到教育目的。西登托普提出了游戏教育哲学思想。游戏的目标是帮助学生获得技能，培养学生对体育活动的情感和态度，教育者要致力于传递和贯彻文化活动本身的价值。活动类课程群由"未来之星"阳光体育大会、定期儿童体育活动和竞赛、课外体育活动以及校园体育文化活动构成（见表 3-1-2）。课程开展以体育班级为单位进行身体竞赛，学习技能仍是课程内容之一。技术和战术可以在实践中以队为单位加以运用。竞技教育的目的在于培养学生的体育技能、体育价值观和态度，使学生愉快地参与，为健康的竞技文化的发展贡献力量。在竞技教育课程中，学生是赛季期间的队员，有具体赛程表，赛季终了时产生冠军，并且纪录可以保持。这样使比赛更具有吸引力，更具有趣味和意义，同时形成了一种竞技文化传统。

表 3-1-2　活动类课程群表

项目类型	子项目	项目内容
"未来之星"阳光体育大会	主会场和各省(区、市)分会场大赛	①以三大球、田径、游泳、冰雪和民族传统体育项目为重点，各运动项目在青少年中普及，青少年体育国际交流与合作进一步加强 ②青少年体育竞赛与展示 ③户外运动：素质拓展、定向运动、攀岩、背包行走、划船、登山、滑雪、滑沙、滑草、滑冰、滑水、露营、沙滩球类运动、旷野旅行、其他郊游活动
	各级体育、教育、共青团等部门和社会力量利用体育场馆、公园、户外营地、青少年宫和妇女儿童活动中心等场所开展的各项活动	①体育游戏：国内外不同类型的体育游戏 ②运动技能培训：运动项目技能的学习提升 ③体质监测：学生体质健康测试 ④逃生技能教育：地震逃生基本理论知识与技能；火灾逃生基本理论知识与技能 ⑤身心安全教育：吸烟危害；生命的认识 ⑥生活安全教育：交通安全；消防安全；饮食安全；人身安全；应急救护 ⑦运动安全教育：保护技能；设施检查；教学环境；学生穿着 ⑧科学健身普及和健身指导服务等活动

项目类型	子项目	项目内容
定期儿童体育活动和竞赛	自然体育活动	体育游学：各地充分利用江河湖海、山地、沙漠和草原等独特的自然资源优势，开展符儿童身心特点的体育游学活动
	体育传统项目竞赛	着力打造以田径、游泳、篮球、排球、足球、体操、乒乓球和武术等项目为主的全国体育传统项目学校联赛
	儿童体育俱乐部联赛、儿童户外体育活动和营地夏（冬）令营等竞赛与活动	①参与不同级别、层次的儿童体育俱乐部联赛 ②参与不同组织、层次的户外体育活动和营地夏（冬）令营等赛事和活动
课外体育活动	上学、放学身体活动；晨间、大课间体育活动	①在上学、放学的路上进行身体活动 ②内容丰富、形式多样、特色显明的身体活动 ③以年级、班级为单位组织各类身体活动
	年级、班级课外体育活动	①以年级、班级为单位组织各类身体竞赛 ②以社团、协会为单位组织各类身体竞赛
	校内外各类艺术演出活动	①校内外各类艺术演出活动中的体育艺术活动 ②以艺术、文化为目标的体育艺术类身体竞赛
	体育艺术文化节	以学校为单位组织的各类身体竞赛
校园体育文化活动	年级、班级运动会、竞赛；学校各类体育运动会	①体育制度、精神、管理建设 ②校园体育文化宣传、标语；体育文献、体育知识竞赛；观看体育赛事、小球迷、体育英雄
	校园体育文化建设	体育与艺术影视、音乐；体育创新、产业、服装文化等
	奥林匹克教育	①将奥林匹克教育纳入学校常规教育教学工作 ②开展冬季奥林匹克教育文化活动 ③积极开展冬季运动项目系列比赛活动 ④开展冬季奥林匹克交流活动 ⑤组织冬季奥林匹克教育课程资源研发 ⑥加强冬季奥林匹克教育研究

竞技模式建议学生承担教练、裁判和管理者的角色。学生组织队伍，安排替补队员，裁决比赛，公布赛程计划、最新动态，学会运动队的一般管理方法，了解每个赛季的具体任务。在该模式中，良好的竞技行为不仅是追求的目标，而且是该课程计划的核心。学生体会到做一个好的选手意味着什么，公正的裁判有多么重要，以及诚实比赛对竞技体育而言是多么有价值，使学生为体育活动承担起自己的责任。合作精神是学生共同努力实现目标所必需的。竞技教育模式中有许多角色，如教练、裁判、记分员、陪练员和统计员等，要求学生各司其职，以保证比赛的正常进行。竞技模式还能培养学生的运动热情，鼓励他们在校外寻求更多的参与体育运动的机会。

　　竞技教育课程是从文化的高度和视野来看待体育，把体育课程作为一种创造、传递和评价社会文化的载体，有其独到之处。竞技文化的精髓在于不断地超越、追求卓越。

　　运动会可以颠覆传统，还原体育活动的游戏精神。打破传统，重新设计和定位运动会的功能与目的，让运动会成为儿童的狂欢节。运动会的指导思想是趣味第一、机会均等、自主选择、快乐运动；目的是让学生喜欢运动，体会运动的乐趣，分享身体、心理、情感、友谊的多重收获；时间上一年可举办多次运动会，可在春、秋两季举行。教师和家长共同参赛，促进和谐竞争的健康心理发展，增进学校、教师、家长、学生之间的感情，营造有利于学生成长的文化氛围。

　　当今社会是一个信息化的社会，在互联网时代，网络为人的全面自由发展提供了新的机会。小学生好奇心强、喜欢新颖独特的事物。一方面通过在线课程，可以自选课程进行碎片化学习，通过可穿戴设备了解自己，教师和家长可以利用网络更新身体教育方式、身体教育资料、身体教育手段，激发学生的兴趣，使其主动、自主地融入身体教育中，并在此过程中自觉地发展自己的主体性。另一方面通过互联网技术进行网络主体教育，树立网络主体意识，提升学生的主体性和主体间性。在线课程对学科课程和活动课程的不足进行了补充，它们共同形成了无缝对接的身体教育共同体。

　　综上所述，体育课程能有效地把机体技能、精神运动、认知、健康教育、情感教育、集体意识、环境教育、冒险教育、信息技术等有机地联系起来，真正起到了健筋骨、增知识、强意志和调情感的综合教育作用，对学生的身心开展了全面的培养和锻炼。

　　学校的教育过程就是双主体的交互过程，即教师和学生主体间性的展现，在学生的课程体系重构之后，教师队伍也需要重构，否则会出现教学的不平衡、不充分现象。《国务院关于加强教师队伍建设的意见》中指出，教师是教育事业发展的基础，是提高教育质量、办好人民满意的教育的关键；国务院办公厅印发的《关于强化学校体育促进学生身心健康全面发展的意见》指出，要深化教学改革，完善体育课程，强化体育课和课外锻炼，提高教学水平；教育部印发的《学校体育美育兼职教师管理办法》中提出，民间艺人、能工巧匠可以应聘体育美育兼职教师，有利于破解现阶段学校体育美育教师紧缺问题，是整合各方资源、充实体育美育教学力量的有效手段。体育兼职教师的选聘对象应是其他学校专业体育教师，校外体育机构、体育运动团体与体育系统的有关体育工作者。作为兼职教师，需要具有较高的体育专业技能，一般应具有中级以上专业技术职称，或在相关体育、艺术领域中具有一定影响力；民间艺人、能工巧匠应在中华优秀传统文化传承发展方面有一定造诣。此外，兼职教师原则上不超过 65 岁，身体健康且条件优秀者可适当放宽年龄限制。鼓励体育美育专职教师在教育行政部门的统筹下，以"走教"方式到农村及其他师资紧缺的学校担任兼职教师；鼓励普通高校体育艺术专业教师担任中小学兼职教师；鼓励学校选聘承担中华优秀传统文化体育艺术传承项目教学与指导的兼职教师。就学校而言，应建立专任教师与兼职体育美育教师结对帮扶机制，支持兼职教师与专任教师联合开展教育教学活动。体育兼职教师是指兼职担任学校体育课、课外体育活动、课余体育训练与竞赛、特定运动技能与项目的教学训练等工作的人员。课程授课有在职体育教师独立授课，兼职教师独立授课，在职＋兼职教师授课的一师、双师或多师等授课模式，真正实现了社会、学校、家庭、行业、教师、学生主体间的互动交流。

随着未来学校空间结构、学习环境、课程理念、课程开发、课程理解、课堂设置、师资队伍等的根本性转变，相应支持、关联这些根本性转变的体育媒介也需适应新时空、新生态，即体育器材、设备、场地、场馆、泳池、互联网和信息高速公路应进行重构。首先，学校内部要建构未来新型学校体育媒介的教育教学系统，同时积极推进学校体育场馆向学生和社会开放；其次，学校应与校外公共场所、社区场所、社会组织、体育俱乐部的体育场馆形成共建、共用、共享、共赢的良性循环系统，有效满足少年儿童的体育学习与健身锻炼的多元需求，缓解人民群众日益增长的体育健身需求与体育场馆资源供给不足之间的矛盾，提高儿童和人民群众"三动"（移动、活动、运动）能力，基本形成政府、部门、学校和社会力量相互衔接的开放的体育媒介生态系统，激发师生的主体性与主体间性。

《关于全面深化新时代教师队伍建设改革的意见》中指出，全面提高中小学教师质量，建设一支高素质专业化的教师队伍。教师主体性的发挥是实现学校教育自身价值的需要。教师在一定意义上代表了人类主体性的发展水平，是成熟的主体，而受教育者则是未成熟的人类个体，是待发展的主体。教育者主体性的作用主要表现为由同质化的设计、组织、实施、评价的"程序主义"的课程开发转向异质性的"多元主义"的课程理解，充分调动受教育者的主体性；受教育者的主体性主要表现在活动中的意向性、积极性、选择、自主构建等方面。将儿童的身体教育置于意识、身体与世界（自然世界和文化世界）相互蕴含不可分割的垂直统一系统中，身体的运动是知觉与时间的综合，这就规定小学体育课程设置在空间上走出学校空间，与其他空间领域的体育活动共同构建体育课程体系，在时间上既要把每天24小时的身体活动作为课程来整体设置，又要将现在、过去和将来统一在儿童的身体活动中，形成一个习惯的身体和一个当前的身体。习惯的身体是普通的、非人称的存在，它源于历史的积淀，具有较为稳定的结构，并无意识或前意识地蕴含在儿童的身体中，支撑着儿童的当前身体。而当前的身体则是有意识的、作为特殊体验的存在，它处在不断的流动变化中，而所有流过的体验又不断地融入习惯的身体层面。因此，儿童要经过长期系统的多元体育文化的身体教育，才能养成习惯的身体。为了实现体育课程体系在更广阔的时空中的重构，应对教师队伍和体育媒介进行重构，融合意识主体和身体主体，摆脱单极主体，积极走向多维主体，建立持续发展与互动生成的共同体。

就现代信息技术背景下的课程设计而言，我们必须先对当代高校课程的意义进行深入解读。课程是高等学校教学建设的基础，加强课程建设是有效落实教学计划，提高教学水平和人才培养质量的重要保证，课程建设（见图 3-1-1）是学校教学基本建设的重要内容之一。课程建设之前应解决课程如何选择和确定、课程体系由哪些课程支撑等问题。课程选择确定后，进行课程设计与准备，课程的规划设计，主要是解决设置什么课程、课程如何排序、课程标准是什么等问题，这一系列工作实际就是课程模式建设。课程的实施过程，就是教学过程，主要是解决怎样教才能实现培养目标等问题，这一系列工作实际就是教学模式建设。

课程准备和实施建设的主要内容包括课程模式建设和教学模式建设。课程模式建设，主要研究教什么的问题，包括三方面内容：第一，按照一定的思想和理论开发目前比较先进的课程；第二，考虑专业特性和学生特点，按照能力培养循序渐进的原则安排课程内容；第三，编制课程目标、课程内容等框架计划，即建立课程标准。教学模式建设，主要是指在一定的教育目标及教学理论的指导下，依据学生的身心发展特点对教学目标、教学内容、教学结构、教学手段和方法、教学评价等因素进行简约概括而形成的相对稳定的指导教学实践的教学行为系统。

图 3-1-1　课程建设

一、课程选择

课程选择和确定包括被选择和主动选择两种（见图 3-1-2）。被选择的课程是在设计人才培养方案时根据文件要求或者学校发展的课程需要列入课程体系内的，在课程建设中执行实施。主动选择的课程符合学科发展方向、适应学生发展、能满足社会需求，被采纳列入课程体系。

图 3-1-2　课程选择

二、课程设计

（一）课程设计要素

课程设计包括课程基本元素的规划和课程特色亮点的提炼两个要素（见图3-1-3）。课程基本元素的规划突出课程现代化信息技术建设创新理念，强调个人终身体育"运动习惯"的养成。大学体育教育改革的顶层设计与路径选择，从课程目标、课程内容、课程结构和课程评价等课程基本构成元素（见图3-1-4）着手，满足学生在身体、心理、社会方面的发展需求，把握体育对促进人的全面发展的理论自信，着力于身体、心理和社会方面的同步发展，特别是心理、社会在实践层面的可操作性。构建课堂教授、课余锻炼、网络学习、社会活动的多维教学模式，助推大学生终身体育能力的提升、自觉运动习惯的养成。

图 3-1-3　课程设计的两个要素

图 3-1-4　课程基本构成元素

课程特色亮点的提炼，突出学校特色建设，促进学生体育素养的提升。充分利用体育对学生更为生动、更为本质的教育影响，使体育文化成为学校校园文化和大学精神的有力承托，改革体育教育教学评价体系，提高体育教师教书育人与教育教学活动的话语权和权威性，做好体育教育改革的顶层设计和人才培养方案及教育教学活动设计的各个环节。强调体育对社会的重要功能——促进人的社会化，在"大健康""大数据"背景下，借力"智能管理"的监测、储存与分析功能，促进大学生的个人运动与健康管理能力的提升，这是维护体育教育本质和教育使命的一种努力。

（二）课程目标

大学体育课程是除体育教育专业以外，其他专业所开设的一门综合素养必修课程。大学体育课程是大学生以身体练习为主要手段，通过合理的体育教育和科学的体育锻炼过程，达到增强体质、增进健康、提高体育素养和发展个性等目的的通识类必修课程；是大学课程体系的重要组成部分；是高校体育工作的中心环节；是促进大学生身心健康发展、思想品德教育、核心素养、科学文化教育、生活与体育技能教育及身体活动有机结合的教育课程；是一种有计划、有目的、有组织的教育活动；是实施素质教育，培养全面发展、人格健全的创新型人才的重要途径。通过系统大学体育的学习，能真正学会1～2项运动技能，养成终身锻炼的习惯、能力和态度。

课程目标是根据大多数学生的基本需求制定的，主要包括五大类目标：身体素质目标、运动技能目标、社会适应目标、锻炼习惯目标和健康知识目标（见图3-1-5）。

图 3-1-5　课程目标

①通过对轮滑课程的实施，发展队员的平衡性、柔韧性、协调性，让他们在提高身体素质的同时，加深对轮滑运动的热爱，培养勇于克服困难、吃苦耐劳的品质，使其身心全面发展，提高居民幸福指数。

②通过对轮滑课程的学习，使居民掌握轮滑的基本知识和基本技术以及一些切实可行的练习方法，学会自我锻炼身体的方法和手段，为终身学习打下基础。

③通过丰富多彩的轮滑运动的开展，丰富居民的业余文化生活，增进居民之间的友谊，建立友好关系，促进社会适应，从而增强人文精神。

④轮滑教育课程的实施，有利于锻炼习惯的养成，对终身教育和终身学习具有引领示范作用。

⑤通过实施轮滑课程，传播文明生活理念，传播健康知识，促使人们积极上进，促进文明和谐社区的建设。

（三）课程内容

利用大学体育课程建设内容增进学生身体健康、传播体育文化。通过现代化信息技术，实现大数据在体育课程中的有效应用，坚持信息采集"智能化"、数据处理"信息化"两化建设，使硬件软件协同发展，实现"课内外一体化"课程建设。在线课程内容（见图3-1-6）主要包括以下几点。

第一，基于体育课程的本质，以身体素质为基础，强身健体。

第二，基于体育课程的来源（体育人文），讲授轮滑运动的起源、轮滑运动的特点、轮滑运动的技术、轮滑比赛的规则、轮滑比赛方法等轮滑运动理论知识。

第三，基于体育课程的运动技能、战术等技术训练，包括轮滑基本技术学习、技术辅助的体能训练及速度轮滑比赛战术和技术、战术配合的训练、战术意识的练习等。

图 3-1-6　课程内容

　　大学体育课程在一、二年级开设，三、四年级未开设。一、二年级共开设4学期，分别为大学体育Ⅰ、大学体育Ⅱ、大学体育Ⅲ和大学体育Ⅳ（必修，大学体育Ⅰ为 34 学时，1 学分，其他三个学期为各为 38 学时，共 3 学分，四学期共计 148 学时，4 学分），修满每门课程所规定的学分，达到基本要求且体质健康测试合格的学生才能毕业和获得学位。

　　（四）课程结构

　　大学体育课程第一学年和第二学年各选定 1 项体育选项课程，主要是根据学生的学习兴趣和发展潜能，让学生自己选择运动项目，通过选项课程的学习，丰富学生的运动知识，提高学生的技能及体能。课程内容的结构包括项目技能、项目知识和项目素质等内容；课程形态的结构包括课堂的延伸和教学手段的整合等（见图 3-1-7）。实施"课上课程混合式"一体化的教学，建立体育课堂、在线开放课程、自主锻炼课程等混合式的教学模式。课上以教师传授体育技能为主；课下以学生自主学习锻炼为主。

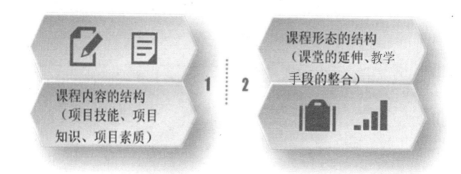

图 3-1-7　课程结构

（五）课程评价

课程评价从考察内容、评分标准和各项比重三方面进行构建。考核内容依据目标来定向；评分标准依据水平来定标；各项比重依据数据来定量（见图 3-1-8）。

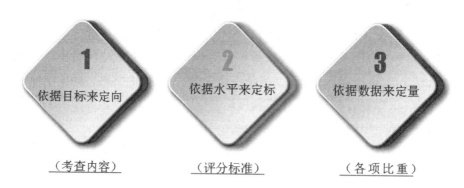

图 3-1-8　课程评价

首先是学生的健康和技能方面，即通过对基本信息和显性体育信息的收集与分析，学生和教师及时了解自己的健康状况、体育锻炼和技能掌握的情况。其次是评分标准的定标，要通过对数据的分析，了解学生的课堂学习、技能掌握及课后锻炼等情况，进而确定评分标准。最后是依据现代化信息技术的数据分析、课程平台管理和评价量化，确定各项比重，提高体育课堂教学效率。此外，还要进行运动预测和场馆管理，即通过学生的锻炼时间和地点等大数据掌握学生的运动规律，对体育场地及场馆等资源进行合理的配置与利用。总之，大数据的收集和分析均为手段，数据的有效应用才是目的，现代化信息技术和大数据在课堂中的应用是研究的重点。

三、课程准备

课程选择确定后，查找之前国内外有关大数据、大学体育课程、智能穿戴设备、信息技术在体育课程中的应用等各类文献资料，了解本课课程建设领域的发展现状、走向、困境、争议等，明确课程建设的方向、方案及目标。基于现代化信息技术的大学体育课程建设，以轮滑运动项目为例，应从"四备六块"开展工作。"四备"即教学文件的完备、教学资源的齐备、教学师资的准备和教学对象的预备（见图3-1-9）。"六块"具体如下。

①利用智能可穿戴设备采集大学生体育运动数据；

②以大数据为引导培养学生终身体育意识及体育锻炼习惯；

③构建智能化管理模式下的课内外一体化教学体系；

④构建体质健康和体育运动数据互动模式；

⑤课程资源（在线课程、学习资料、考试系统等）的逐步建设；

⑥大学体育（轮滑运动）课程整体方案的初步设计。

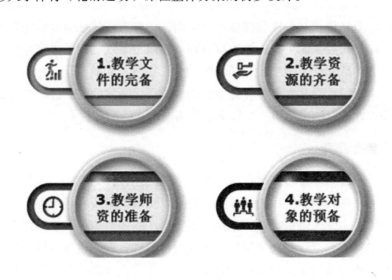

图 3-1-9　课程准备

四、课程实施

大学体育课程的实施主要应从四点入手，如图3-1-10所示。

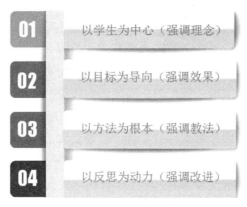

图 3-1-10　课程实施

第二节　"轮滑运动基础"课程建设实证解析

在学校创新教学实践中，"以学为中心"的翻转课堂重构了教学流程，多方式激励学习评价和新一代数据技术的运用，助推着现代社会智慧课堂的跨越式发展。伴随式数据的采集，为教育管理、教研、实践提供了决策性依据，线下实体教育环境和线上虚拟教育环境的融合，贯通了"教、学、考、评、管、学习空间、学校社会共育"等教育生态链，应以伴随式数据促进个性化教育，全面提升教育行业的生产力，为社会培养面向未来的国际化人才。

一、课程简介

该课程是公共体育必修课程项目课程之一，适用于没修过"轮滑运动基础"课程的学生。在大数据应用的模式下，课上以重庆市高校在线课程平台为主，课下以学生自主学习锻炼为主，采用"课上 50%+ 课后 50%"学习评价体系。课上以技能教学和测评结果为引导，实施目标管理；课下以体育锻炼过程督促与监控、干预预警为主，进行过程管理，进一步优化大学体育课程，建设现代技术信息化的"课内外一体化"体育课程。

（一）课程教学目的与任务

"轮滑运动基础"课程是以"健康二师"数据管理和"重庆市高校在线课程"为现代化技术平台，以日常锻炼习惯养成和教授轮滑基本动作为主，轮滑基本理论为辅的课程教学，采用五步四环教学方式教授技能和理论。五步包括非滑行技术、初步滑行技术、制动技术、转弯技术和倒滑技术，使学生从零基础到初步掌握轮滑基本技术，循序渐进地学习轮滑知识。同时，通过教学、练习、评价和互动交流四个环节，利用互联网技术对学生进行系统的轮滑教学，掌握轮滑学习进度，培养学生的自主学习能力，提高其身体协调平衡、灵敏柔韧、力量控制等素质，最终达到培养学生的终身体育意识和使其养成良好的锻炼习惯的目的。

1. 体育课程自身

课程建设主要强调两个目标。一是个人"运动习惯"养成目标。应构建课堂教授、课余锻炼、网络学习、社会活动的多维教学模式，助推大学生终身体育能力的提高和自觉运动习惯的养成。二是学生"体育能力"提升目标。在"大健康""大数据"背景及理念下，借力"智能管理"的监测、储存与分析功能，促进大学生个人运动与健康管理能力的提升。

2. 体育课程数据应用

第一，解决数据收集困难。体育课程对数据具有长期性和动态性需求，传统的数据收集方式有较大的局限性，可通过本课程建设探索数据收集的路径。

第二，解决数据分析困难。人工的数据分析模型已经不能适应大数据时代的新形势，特别是对于各种综合数据的分析，本课程建设旨在建立一个科学的、智能的、实效性强的数据分析模型，应用于体育课程。

第三，解决数据应用难点。如何将大数据分析结果在体育课堂上有效应用，是目前课程建设的难点，特别是线上线下（课上课下）一体化教学模式的构建。

总之，大数据的出现与应用为大学体育和终身体育健康意识和锻炼习惯的量化研究提供了载体，为大学生课内外锻炼一体化的教学模式构建提供了路径，也为体质健康指标和运动过程管理的信息交互提供了桥梁。基于大数据的应用来深化大学体育课程建设，契合现代教育的发展方向。随着大数据在大学体育课程中应用的逐步成熟，必将推动大学体育课程建设向纵深发展，切实实现大学生身体素质和锻炼习惯的交互发展目标。

（二）课程教学的总体要求

①树立"健康第一"的指导思想，培养学生自主学习的习惯和团结合作的集体主义精神。

②掌握轮滑运动的基本知识和基本技术，培养学生锻炼身体的习惯，为终身体育奠定基础。

③增进健康，增强体质，提高学生的体能和对环境的适应能力，促进其身

心全面发展。

④了解规则与裁判法，基本掌握小型比赛组织、编排等竞赛程序。

（三）课程教学内容

1. 理论知识部分

①轮滑运动简介，包括轮滑运动的发展历史、轮滑运动的分类及特点、轮滑运动的场地与装备以及其健身意义等。

②轮滑运动的安全注意事项和常见运动损伤的处理。

③介绍运动的赛事和轮滑竞赛规则。

2. 实践技能部分

①非滑行技术。

②初步滑行技术。

③制动技术。

④转弯技术。

⑤倒滑技术。

"轮滑运动基础"课程的教学内容如表 3-2-1 所示。

表 3-2-1　　"轮滑运动基础"课程教学内容

课程类型	课程章节	课程教学内容	课程资源
基础知识	课程简介	教学特色、教学目标、教学要求	课件 1 视频 2
	轮滑运动理论	轮滑运动简介、运动安全、赛事与竞赛规则	
基本技术	非滑行技术	佩戴护具、穿脱轮滑鞋、站立与平衡技术、摔倒与站立技术	课件 5 视频 25 章节习题 50 通关视频 5 期末考核 1
	初步滑行技术	"V"字行走、抬腿行走、侧向行走、走步双滑、葫芦滑行、"S"滑行	
	制动技术	刹车器制动、"V"字制动、"A"字制动、"T"字制动、横叉制动、侧向制动	
	转弯技术	推刃转弯、惯性转弯、蟹步转弯、走步转弯、短步转弯、压步转弯	
	倒滑技术	惯性倒滑、葫芦倒滑、双"S"倒滑、单"S"倒滑	

课程类型	课程章节	课程教学内容	课程资源
拓展技术	一星级教学内容	攀藤、Crazy、尼尔森、后尼尔森、X 跳、意大利	视频 6 教材 1
	二星级教学内容	玛丽、前双轮、蟹步、漂移、玛丽 Special	
	三星级教学内容	茶壶、双轮转、Wiper、单轮向前、反QQ、双轮蟹	
	四星级教学内容	内蟹、变态玛丽、单轮后转前、天国、单脚后内刃转	
	五星级教学内容	单轮转、单轮茶壶、捅捅、摆摆、单轮Wiper	
	技术鉴赏	爱乐 One、爱乐 Two	

（四）课程建设的主要问题及解决思路

学生体质健康测试数据，是对学生体质健康状态的量化；学生体育运动数据，是对学生体育锻炼过程的量化。两个维度的数据都至关重要，但遗憾的是，目前多数学校没有深入挖掘体质健康测试和体育运动数据，在体质健康数据和体育运动数据之间建立交互模式，使其相互印证、相互促进的更是少有。通过研究，我们探索出了交互应用体质健康测试和体育运动数据的有效路径：一方面，根据体质健康测试数据，对体质健康测试分数排名靠后、体质下降较严重、素质发展不均衡的学生进行干预，通过了解学生实时的体育运动数据，督促和监控这部分学生的课后锻炼。另一方面，根据体育运动实时数据，对学生体育运动的成效进行评估。在两个维度的数据间建立交互关系，有效建立起过程管理和目标管理间的桥梁，从而实现学生体质提升和锻炼习惯养成的课堂教学目标。

二、课程特色

（一）课程体系

师资雄厚、平台优越。课程教学团队拥有国家级教练员和国家高级教练员，同时，承担重庆市轮滑协会、重庆市大学生轮滑协会和重庆市轮滑训练培训基地的管理工作，组织各类各级轮滑比赛、培训以及交流活动，为课程建设搭建了良好的平台，提供了丰富的教学资源。

（二）教学内容

轮滑课程采用五步四环教学方式传授技能和理论，具体如下。

运用 PPT、视频等现代教具，采用讲解法介绍轮滑运动的发展、分类和教学原则等，通过师生互动等教学方式，使学生初步了解轮滑运动的发展与教学情况。

课程的核心部分主要包括非滑行技术、初步滑行技术、制动技术、转弯技术和倒滑技术五个环节，使学生从零基础到初步掌握轮滑基本技术，循序渐进地学习轮滑知识。从学生的实际需要与轮滑运动的应用性出发，以教学与训练的基本动作技术为重点，内容精炼、重难点突出，通过现代教学手段进行直观演示和讲解。此外，每一部分均有通关考核视频提供给学习者，为学生的练习提供参考（见表 3-2-2）。

表 3-2-2　"轮滑运动基础"五步四环教学内容与通关考核

非滑行技术	基本姿势	穿脱轮滑鞋与佩戴护具	站立与平衡技术	摔倒与起立技术
通关考核	起立技术→"T"字站立→原地左右移动→原地单腿支撑向前或侧摔倒→起立技术→"V"字站立→原地蹲起技术→平行站立→起立技术 标准：流畅程度			
初步滑行技术	"V"字行走	抬腿行走	侧向行走	走步双滑	葫芦滑行	"S"滑行
通关考核	"V"字行走→抬腿行走→侧向行走→走步双滑→葫芦滑行→"S"滑行 标准：流畅程度					
制动技术	刹车器制动	"V"字制动	"A"字制动	"T"字制动	横叉制动	侧向制动
通关考核	刹车器制动→"V"字制动→"A"字制动→"T"字制动→横叉制动→侧向制动 标准：流畅程度					
转弯技术	推刃转弯	惯性转弯	蟹步转弯	走步转弯	短步转弯	压步转弯

续表

通关考核	推刃转弯→惯性转弯→蟹步转弯→走步转弯→短步转弯→压步转弯 标准：流畅程度			
倒滑技术	惯性倒滑	葫芦倒滑	双"S"倒滑	单"S"倒滑
通关考核	惯性倒滑→葫芦倒滑→双"S"倒滑→单"S"倒滑 标准：流畅程度			

（三）教学方法

主要是从常规教学与训练、竞赛组织与参与、活动观摩与展示这三方面进行教学方法改革。常规教学与训练是指按照教学大纲的要求进行技术教学与训练，成绩评定包括理论成绩、技术考核和课堂表现，通过互联网完成理论成绩和技术考核成绩的评定，课堂表现评定通过师生的网络互动交流实现；竞赛组织与参与是指班级内和班级之间以及全校轮滑学生对轮滑竞赛的组织与参与进行评定；活动观摩与展示，在学校开展重庆市各类轮滑教练员、裁判员培训和轮滑交流活动时，组织学生进行观摩和展示，进一步促进学生了解轮滑发展动态和提升展示自我的能力。

（四）练习方法

轮滑课程教学的五种技术的教学内容与练习方法如表3-2-3所示。

表3-2-3　"轮滑运动基础"五步四环教学内容与练习方法

非滑行技术	基本姿势	穿脱轮滑鞋与佩戴护具	站立与平衡技术	摔倒与起立技术	
练习方法	①脚与鞋体验 ②搀扶练习 ③幅度递增				
初步滑行技术	"V"字行走	抬腿行走	侧向行走	走步滑行	葫芦滑行	"S"滑行
练习方法	①脚与鞋体验 ②搀扶行走 ③沿线行走 ④过桩行走			①借力滑行 ②沿线行走 ③过桩行走		
制动技术	刹车器制动	"V"字制动	"A"字制动	"T"字制动	横叉制动	侧向制动

续表

练习方法	①脚与鞋体验 ②原地练习 ③缓速练习					
转弯技术	推刃转弯	惯性转弯	蟹步转弯	走步转弯	短步转弯	压步转弯
练习方法	①脚与鞋体验 ②搀扶练习 ③缓速练习					
倒滑技术	惯性倒滑		葫芦倒滑		双"S"倒滑	单"S"倒滑
练习方法	①借力滑行 ②缓速练习		①脚与鞋体验 ②借力滑行 ③缓速练习			

三、课程构建

本课程的建设涉及数据的采集和分析，因此需要较为齐全的硬件设施及软件系统。学校经过前期的建设，在健康数据的获取上已经建成了较为成熟的硬件设施，校内拥有近百个信息感应设备和近十个信息读取终端。学生的智能终端（手环）也通过学校智慧校园建设等途径完成了初期研发和配备，能够确保上大学体育课程的学生人手一个。在软件系统方面，学校自行开发的"健康二师"软件系统已经上线，能够初步分析学生的运动数据。学校软硬件建设为后期教学改革研究打下了坚实的基础。本课程今后两年继续面向高校和社会开放学习服务计划，包括面向高校的教学应用计划和面向社会持续更新和提供教学服务设想等。

（一）建设基于大数据应用的软硬件系统应用

1.数据的收集与分析

做好数据收集是大数据应用于课堂的基础。目前对于大学生体育行为数据的收集主要包括学生的基本信息（心率、身高、体重、睡眠等）和显性的体育行为（运动时间、运动频率、运动地点、运动项目等）。传统体育教学的学生体育行为数据的收集往往由于手段的缺乏而成为研究者的痛点，本项目计划通过智能可穿戴设备的应用，探索学生体育行为数据的实时采集路径及方法。

大数据分析平台的建设需要根据体育数据的维度进行分类设置，如身高、体重、每日步数、运动强度等指标，使机器和人能够一目了然，实现课程相关数据的可视化。如何根据学生体质健康测试数据来分析课堂教学的内容及课外锻炼的合理强度、密度、量度，根据学生的心率、运动时间、运动频率、运动记录等数据来分析学生的课外锻炼情况，根据学生的运动地点、运动时间归结学生大致的运动习惯等是研究的难点。

2. 持续建设与改进措施

在现有基础上，持续改进，尤其是数据平台智能管理、分析系统的优化。丰富在线课程资源，整合数据平台和数据管理软件平台，进一步深化体育课堂的教学模式改革。第一，实现体质健康数据与日常锻炼数据的互动。第二，做好线上线下的有机融合。第三，探索出学生个性化指导路径。强调个性化的指导与服务，加强为大数据的分析与应用，利用好信息技术与智能设备。此外，还要切实贯彻以学生为中心、以健康为导向、长期坚持、数据服务课程等理念。

3. 课程建设预期效果

通过配置可采集运动量、时间、地理位置、心率等信息和数据的智能穿戴硬件，构建和研发智能化的数据分析模型和可视化信息管理软件，建设网络化的课外运动监督、指导体系，使学生对体育锻炼情况进行量化分析，实现大数据引导学生终身体育意识和锻炼习惯的培养。

线上授课以教师传授体育运动技能为主，线下以学生自主学习锻炼为主，运用智能手环设备和大数据等信息技术对学生课外体育活动的运动量、运动强度、运动时间等数据进行收集及分析，指导与监督学生课后的锻炼，从而达到学生体质提升和锻炼习惯养成的教学效果。

4. 数据的应用

对数据在课程中的应用研究主要包括四个方面：首先是健康管理方面，即通过对基本信息和显性体育信息的收集与分析，学生和教师可以及时了解自己的健康状况和体育锻炼情况。其次是健康干预方面，即教师通过数据的分析可以有针对性地干预学生的课堂学习及课后锻炼。再次是课堂管理和评价方面，即通过管理和评价量化，促使体育课堂更加有效。最后是运动预测和场馆管理方面，即通过学生锻炼时间和地点等大数据掌握学生的运动规律，对体育场地和场馆等资源进行合理的配置与利用。

（二）协同资源推进在线课程

重庆第二师范学院作为重庆市轮滑训练培训基地，其轮滑课程主要针对在校生开设，只有部分对外开放，开放形式以重庆市轮滑教练员和裁判员培训班、重庆市高校青年教师轮滑教学法培训班和重庆市轮滑队训练和课程网站媒介传播为主。学校高度重视轮滑项目，其场地条件优越，师资力量雄厚，教学水平高，教学团队曾指导市轮滑代表队在全国比赛中获得优异成绩。同时，协办和承办重庆市教育委员会和重庆市体育局主办的轮滑赛事和推广活动，在推动重庆市轮滑运动发展方面发挥了积极引导作用。重庆第二师范学院被评为"中国轮滑运动示范学校"，拥有西南地区唯一一所标准轮滑场，条件优越，能充分保证上课和竞赛活动的场地条件。学校以教学团队主编、高等教育出版社出版的《大学体育教育教材》和《自由式轮滑教程》为主要教材，其他教材配有课程教学的视频光盘等。与重庆市轮滑协会、重庆市大学生轮滑协会以及学校官方网站达成一致，依托互联网传播，开通轮滑课程辅助教学网站，学生和轮滑爱好者均可浏览网上资源、课程教学大纲、课程简介以及部分课件等资料。在线课程持续更新和提供教学服务，不断提升在线课程知名度，继续面向高校和社会开放学习与服务。

"轮滑运动基础"在重庆高校在线开放课程平台上，是以讲授轮滑基本技能为主，基本理论为辅的课程，根据技能学科的教学规律，本课程的教学团队设计出五步四环学习方法。学习者需遵循循序渐进的学习规律，递进学习非滑行技术、初步滑行技术、制动技术、转弯技术和倒滑技术五个部分。在每一个部分的学习过程中，将线上教与学、线下练习、互动交流以及评价四个环节融会贯通，实现线上线下相结合的高效学习。

四、课程建设解析

（一）"健康二师"运用解析

1. 应用概述

（1）概述

健康二师是一款专为智能手环开发的手机应用软件，通过对智能手环进行数据同步，将智能手环中记录的日常生活中的锻炼、睡眠、运动轨迹等数据展示在手机上，方便用户清晰、直观地观察自己的健康及运动情况。

（2）性能

软件具有较高的易用性和可靠性，并能保证信息的安全。

2. 运行环境

本软件可在 Android 4.3 和 IOS 8.0 版本以上的手机上运行。

3. 应用下载及安装

①健康二师 APP 可以通过访问数字校园网站，登录后扫描左下角的健康二师二维码进行下载安装。

②直接扫描二维码下载安装。

提示：建议使用手机浏览器自带的二维码扫描工具扫描，如果使用微信扫描，在进入扫描界面选择相应 APP 后，需点击右上角在浏览器打开才能完成下载。

4. 使用方法

（1）应用运行

用户在安装完毕后，点击健康二师图标即可进入应用。

（2）用户登录

第一次打开应用，会进入登录界面（见图 3-2-1）。

图 3-2-1 登录界面

输入账号密码后点击【登录】，登录成功即可进入首页，界面如图 3-2-2 所示。

图 3-2-2　登录成功界面

若无账号，则需进行注册。

（3）注册

点击登录界面的【注册】按钮，进入注册界面，输入手机号码，点击【下一步】获取验证码并进入下一界面，填写昵称、密码及获取的验证码，点击【完成】（见图 3-2-3）。

图 3-2-3　注册界面

（4）修改密码

点击登录界面的【忘记密码】进入密码修改界面（见图 3-2-4）。

图 3-2-4　修改密码界面

输入手机号，点击【发送】获取验证码，填写获取的验证码以及新密码，点击【确定】完成密码修改并退回登录界面。

（5）设备绑定

若账户未绑定手环，登录成功后出现如图 3-2-5 所示的界面。

图 3-2-5　设备绑定界面

53

点击【确定】进入【我的设备】界面，点击【添加设备】搜索设备（需打开蓝牙），待搜索出设备后，点击【连接】完成手环的绑定，此外，也可选择手机、ST 手环（见图 3-2-6）。

图 3-2-6　我的设备界面

当手机周围有多个手环时，手机能搜索到多个手环设备 ID 号。需要确认自己手环的 ID 后正确添加，以防绑定别的人手环，确认手环 ID，如图 3-2-7 所示。

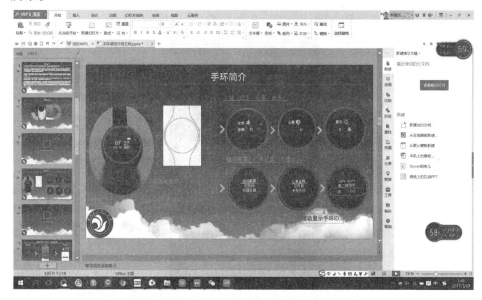

图 3-2-7　确认手环 ID 界面

（6）设备解绑

登录软件，进入【首页】，依次点击【更多】→【我的设备】进入设备绑定界面，点击【添加设备】弹出对话框，点击【确定】完成解绑（见图 3-2-8）。

图 3-2-8 设备解绑界面

（7）查看用户信息

登录软件，进入【首页】，点击【更多】进入设置界面，点击头像一栏即可查看用户个人信息（见图 3-2-9）。

图 3-2-9 用户个人信息界面

（8）修改用户信息

以修改生日信息为例，点击生日一栏，弹出【设置生日】输入框（见图3-2-10）。

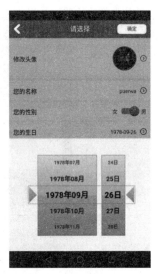

图 3-2-10　修改生日信息界面

设置后点击【确定】即修改成功。

（9）更多设置

登录软件，进入【首页】，依次点击【更多】→【更多设置】，进入更多设置界面（见图3-2-11）。

图 3-2-11　更多设置界面

①工号、学号绑定。

进入更多设置界面后，点击【绑定工号／学号】，在弹出的对话框中填写姓名以及工号（学号），点击提交即可绑定。已绑定工号（学号）的用户点击【更多】→【更多设置】→【工号／学号信息】即可查看绑定工号／学号的信息。

注意：绑定的工号（学号）和姓名必须和本人在数字校园或教务系统的工号（学号）和姓名一致，具体可查阅相应系统。

②姓名、学号写入。

进入更多设置界面后，待手机与手环连接成功，点击【写入姓名学号】即可将姓名学号写入手环。

注意：写入姓名学号前需进行工号／学号绑定。

（10）首页

登录软件，进入【首页】即可查看步数数据，左滑或点击"心率"可查看心率数据，右滑或点击"睡眠"可查看睡眠数据，如图3-2-12所示。

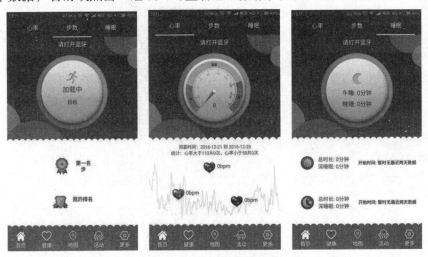

图3-2-12　首页数据查询界面

（11）体育

登录软件，进入【首页】，点击【体育】进入体育模块，教师端如3-2-13图左图所示，学生端如图3-2-13右图所示。

图 3-2-13　体育模块界面

点击【大学体育上课】，教师客户端显示教师上课的课表信息，可在客户端进行一键考勤、技术评定、学生有效天数查看、平均步数查看、奖励机制加分、理论作业查看、成绩查看、步数调整、操场跑圈等操作，如图 3-2-14 所示。

图 3-2-14　大学体育上课界面

点击【技术评定】，可对教师所教授班级的技术评定项目的名称、占比进行设置，如图 3-2-15 所示。

图 3-2-15　技术项目评定界面

点击【同步选课数据】，可将学生选课数据从教务处平台同步到数据管理平台，如图 3-2-16 所示。

图 3-2-16　同步选课数据界面

点击【学生步数记录】，可查询某个班级某个时间学生的步数情况，包括学号、姓名、步数、距离、卡路里、排名等信息，如图 3-2-17 所示。

学号	姓名	步数	距离	卡路里	排名
1710864060	黄雪	30269	19.74	1231	1
1710864003	钟源源	28920	19.97	1324	2
1710864049	蔡红庆	25312	16.83	926	3
1710864047	何丛芳	24255	15.98	948	4
1710864019	周玉洁	21921	14.56	736	5
1710864028	王小雨	21757	14.50	856	6
1710864051	马灿	20925	13.84	806	7
1710864018	冯颖	20557	13.80	725	8
1710864039	邓娅	20444	13.54	648	9
1710864057	韦小靖	18711	12.74	646	10
1710864048	何芸兰	18402	11.76	655	11
1710864004	李红星	18394	11.46	576	12
1710864014	汤玉	17886	11.47	490	13
1710864020	郑文静	17718	11.94	547	14
1710864034	周小露	17642	11.69	657	15
1710864030	熊程美	17342	11.04	527	16
1710864011	李冰钰	16911	10.78	547	17
1710864015	骆城岑	16303	11.14	541	18

图 3-2-17　学生步数记录界面

点击【步数排名】，可以看到教工或学生某个时间或某段时间的步数排名情况，如图 3-2-18 所示。

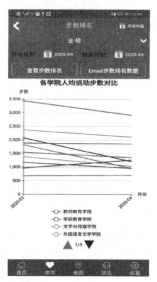

图 3-2-18　步数排名界面

点击【运动体测关系】，可查询某个年度学生体质健康测试数据与运动步数之间的关系，如图 3-2-19 所示。

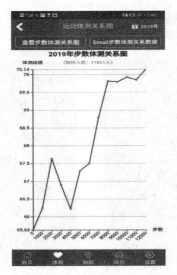

图 3-2-19　运动体测关系界面

点击【体质健康测试】，教师可以按照自然班级或者体育课选课班级进行全校、班级、个体体质健康测试数据的查询与比较，如成绩分布图、成绩纵向和横向对比、及格预警、优秀预警等，如图 3-2-20 所示。

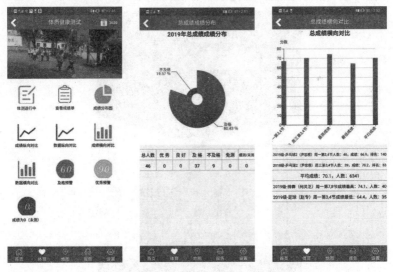

图 3-2-20　体质健康测试界面

（12）地图

登录软件，进入【首页】，点击【地图】进入地图模块，查看校内主要建筑以及运动场地，如图 3-2-21 所示。

图 3-2-21　地图界面

（13）报告

登录软件，进入【首页】，点击【报告】进入报告专区模块，点击【运动记录】可按月或日查看步数历史记录，如图 3-2-22 所示。

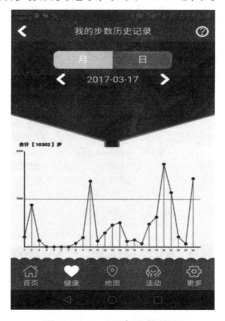

图 3-2-22　运动记录界面

点击【心率记录】可按月或日查看心率历史记录，如图 3-2-23 所示。

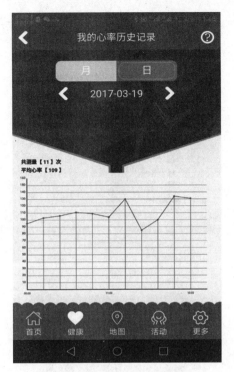

图 3-2-23　心率记录界面

点击【睡眠记录】可查看睡眠历史记录，如图 3-2-24 所示。

图 3-2-24　睡眠记录界面

63

点击【荣誉排名】可按月或日查看运动排名，如图 3-2-25 所示。

图 3-2-25　荣誉排名界面

点击【运动轨迹】，可查看某个时间点在学校各个场所的停留时间及相关信息，如图 3-2-26 所示。

图 3-2-26　运动轨迹界面

点击【体育网课】，可查看大学体育网络课程，如图 3-2-27 所示。

图 3-2-27　体育网课界面

学生端点击【体测分析】【体测登记卡】，会显示学生大学期间体质健康测试的具体信息，如图 3-2-28 和图 3-2-29 所示。

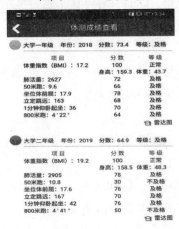

图 3-2-28　学生体质健康测试信息（1）

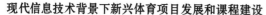

姓 名	陈婷婷						性 别	女		学 号	1810203121	
院(系)	教师教育学院					身份证/学籍号	522122199804201640					

单项指标	大一			大二			大三			大四			毕业成绩	
	成绩	得分	等级	成绩	得分	等级	成绩	得分	等级	成绩	得分	等级	得分	等级
体质指数(BMI)(千克/米²)	17.2	100	正常	19.2	100	正常								
肺活量(毫升)	2627	72	及格	2905	78	及格								
50米跑(秒)	9.6	66	及格	10.8	30	不及格								
坐位体前屈(厘米)	17.9	78	及格	17.6	76	及格								
立定跳远(厘米)	163	68	及格	167	70	及格								
引体向上(男)/1分钟仰卧起坐(女)(次)	36	70	及格	42	76	及格								
1000米跑(男)/800米跑(女)(分·秒)	4'22"	64	及格	4'41"	50	不及格								
标准分	73.4			64.9										
加分指标	成绩	附加分		成绩	附加分		成绩	附加分		成绩	附加分			
引体向上(男)/1分钟仰卧起坐(女)(次)	36	0		42	0									
1000米跑(男)/800米跑(女)(分·秒)	4'22"	0		4'41"	0									
学年总分	73.4			64.9										
等级评定	及格			及格										

图 3-2-29　学生体质健康测试信息（2）

5. 课程与体质健康测试融合

目前，"健康二师"依托于运动手环建设，是大学体育改革和学校信息化建设的重要路径之一，从实施的情况来看，有一定的成效，在大学体育中的应用成效尤为显著。随着现代技术的提升，当前手机上的微信、钉钉等APP均已具备运动步数采集的功能，可利用微信小程序等采集学生的运动步数数据，并且目前微信已经支持主流运动手环的接入，学生可使用手机端或自主购买手环来进行自主锻炼数据采集。同时，教育部每年对学生进行学生体质健康测试，通过课程平台建设，可将"健康二师"中的体育课程与体质健康测试融合。

（1）计步数据采集

自动采集手机计步数据并上传记录，支持学生自购的可接入微信的手环计步，步数自动建模，可作为平时运动成绩的组成部分。

（2）体育课程辅助

系统提供从学校相关系统采集的学生选课数据信息，生成体育班级信息，须提供自动同步和教师手工同步两种方式。

提供方便操作的考勤功能，任课教师可以轻松地记录迟到、早退、旷课、请假等学生信息，为期末成绩提供平时成绩参考。

要求按班级管理考核项，支持班级之间考核项的复制，以提高操作的方便度，同时要提供考核规则的可定义性，任课教师在考核学生时只需要录入实际测量的物理成绩，而无须转换分数，减少教师的工作量。

体育成绩分项管理，可以自主设置体育成绩的组成分类及分数占比，系统根据各项得分自动生成成绩册，系统应可以提供成绩册的下载、打印及教务系统上传的成绩文件。

关注学生运动数据，任课教师或班主任可批量关注部分学生，关注后相关学生每天的运动步数都会以表格形式自动发送给教师，体测或考核后的相关成绩也会发送。

（3）体质健康测试

自动采集学校体质健康测试的体测成绩，并按照国家标准生成评分结果；具有历史成绩对比功能、纵向对比、横向对比、优秀预警、及格预警、课外作业布置、课堂出勤记录、考核成绩统计功能、同步选课数据、成绩一键发送、作业检查、数据筛选、体质发展规律、精准干预等模块；提供免测审批操作，审批结果直接对接体测结果；支持提供 Word、Excel 和 PDF 版本的测试报告；支持学生自主打印体测登记卡，登记卡须有防伪标识；可根据学生的运动情况、体育成绩、体测成绩，为教师推送运动干预方案。

（4）在线课程

受 2020 年疫情影响，在线课程具有重要作用。"健康二师"在线课程具备录播视频自主上传功能，系统须自动进行流媒体格式化转码；支持教师自主按课时进行排版；支持按周进度分时段显示；自动记录学生的观看时长。此外，在线课程还提供大学体育基础题库并能进行维护，可增删改查及导入导出，并能按指定时间随机出题。必须满足的要求如下：每个学生看到的题目是随机的，相同题目的选项顺序也是随机的；支持图形题目；视频题目和答题结束后可以看到自己的答题情况及正确答案。

（5）定向越野

支持在线地图进行路线编辑，根据教学需要可支持与体育课程成绩相结合，支持线路有重复点位；组织者可实时查看参与人员的情况。

（6）运动风险评估

进行大学生运动风险安全评估（新生入校首先要完成的事，需要学生电子签名），填写学生运动风险筛查问卷，如自测身体健康和体能状况量表、自测心理健康问卷，作为初步的自我风险筛查和身体状况评估参考，如有其他原因或因疾病不能进行体育锻炼和体质健康测试，应提前通知体育教师并完成免测申请流程。填完问卷后如有疑问，可在运动前咨询医生。编制体育课（含游泳课）的安全防范告知书，让学生阅读，然后电子签名。

（7）运动处方与监控评价

学生根据体质健康测试结果和自身情况，为自己在线设计运动处方，系统支持在线编辑和设计运动处方，支持随时调整运动强度和运动量，系统将根据每周的步数来进行有效的监控和预警。

（二）"轮滑运动基础"课程解析

1. 课程设计与构思

本课程基于体育技能学科的教学规律，设计了五步四环教学方法，高效地传授轮滑基础技能。课程中精美优质的视频、文本、图片等教学资源能够有效指导学生的线上学习、线下练习，实现课堂翻转，提升教学效能，包括课程章节、教师团队、教学资源、课程导航、技能鉴赏、拓展阅读和教学互动7个模块，是一门线上线下结合完美的网络精品课程（见表3-2-4）。

表3-2-4 "轮滑运动基础"课程基本信息表

课程名称	轮滑运动基础
课程负责人	李采丰
课程对象	√本科生□专科生
课程类型	√公共课√专业基础课□专业核心课□其他 □思想政治理论课□文化素质教育课□创新创业课□教师教育课
开课平台	重庆高校在线开放课程平台
首期上线时间	2016年10月
课程开设期次	3期

2. 课程内容

（1）课程目标

①掌握轮滑运动的基本知识和技术，可以顺利完成正滑、倒滑、转弯、制动等技术。

②熟知轮滑运动学习的基本步骤，掌握各环节学习方法。

③树立自主学习意识，适应互联网＋理念下的学习形式。

④培养身体锻炼习惯，提高学生的身体素质和社会适应能力。

（2）课程资源

本课程分为引言、基本技术、拓展技术三部分，每部分都有丰富、优质的教学资源，包括教学视频、教学课件、测验试题、拓展资料、技能鉴赏等。其中核心内容为基本技术部分，包括非滑行技术、初步滑行技术、制动技术、转弯技术和倒滑技术五种技术。

　　除了基础学习外，本课程还提供了拓展学习的相关资源，具备轮滑运动基础后，有兴趣的学员，还可以继续提升学习层次。

　　（3）轮滑运动概述

　　轮滑运动是 19 世纪初兴起的一项体能类竞速运动项目，滑行时要穿轮滑鞋，佩戴头盔和护膝、护肘等护具，靠双脚交替向侧方向蹬地产生动力及与臂、腿配合进行滑行，对人体的平衡机能、协调性、耐力素质等的锻炼作用突出，是一项能使参与者的身体得到全面发展的运动项目。同时，轮滑运动不受场地、器材等条件限制，老少皆宜。

　　场地包括休闲轮滑场地和专业轮滑场地。休闲轮滑场地为一块光滑、平坦的地方，允许滑行的公园和广场都是学习的好地方。专业轮滑场地中的速度轮滑场地的跑道由两条长度相等的直道和两条对称且半径相同的弯道组成，周长一般不少于 125 米，不超过 400 米，宽度一般不少于 5 米，地面为平整光滑的水磨石、水泥、合成胶地面或者沥青地面。花样轮滑场地是长不少于 50 米，宽不少于 25 米的长方形场地，地面为平整光滑的水磨石、水泥或合成胶，一般设在室内。

　　轮滑鞋包括鞋壳、内套、轮架和轮子四个重要部分，初学者应为自己选择一双刚性较强的轮滑鞋，一般从三个部位进行判断：第一，轮滑鞋的脚踝部位必须有一定的硬度，保证练习者脚踝和小腿固定，而且在摔倒时不会弯曲变形，防止伤害事故的发生。第二，轮滑鞋的底座，就是轮架和轮子，该部位受力很大，对材料要求较高。第三，轮滑鞋内部应柔软、舒适，包裹性强。轮滑鞋分为直排花样轮滑鞋、直排速度轮滑鞋和花样轮滑鞋几种，根据不同的学习任务和要求选择不同的轮滑鞋。初学者在学习轮滑过程中必须佩戴头盔，可在滑行过程中因失去重心而摔倒时保护头部，选用时根据轮滑运动项目和头部大小而定，佩戴头盔应以头部和颈部活动自如、松紧适宜和在任何情况下不遮挡视线为标准。初学者在学习轮滑过程中必须佩戴护具，可在滑行过程中因失去重心而摔倒时保护膝部，选用时根据轮滑运动项目和关节大小及围度而定，佩戴护具应以所保护的关节活动自如为标准。

　　轮滑运动内容丰富，按照逻辑学原理和轮滑各项目的特征及规律对轮滑运动进行分类，对指导轮滑运动实践具有现实意义。根据轮滑运动的目的与任务，可将轮滑运动分为休闲轮滑、竞技轮滑和表演轮滑。

五、课程技术教学

（一）非滑行技术

非滑行技术教学内容依次为基本姿势—站立与平衡技术—摔倒与起立技术。

1. 基本姿势

教学要领：身体略微前倾，抬头，眼睛平视前方，含胸收腹，肩部自然下垂，腰背部放松，两臂自然下垂或放于背部，屈膝，两脚平行开立，重心在两脚之间（见图3-2-30）。大腿屈130～150度，小腿前弓80度左右，双脚平行站好，间距25厘米左右，重心在两脚之间，两脚用力均匀，稳定平衡，眼睛正视前方8米处。

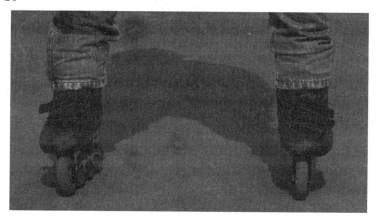

图 3-2-30 基本姿势

2. 站立与平衡技术

（1）站立

①"T"字站立。

教学要领：两脚呈"T"字站立（见图3-2-31），平视前方，上体微前倾，两臂自然垂于体侧，两腿收住，膝关节微屈，重心控制在两脚支撑面中。建议初学者在扶杆帮助下进行练习。

图 3-2-31　"T"字站立

② "V"字站立。

教学要领：两脚尖外展 45 度左右呈 "V"字（见图 3-2-32），脚跟靠拢，平视前方，上体微前倾，两臂自然垂于体侧，膝关节微屈，重心在两脚中间，避免两脚的轮子前后滑动，保持稳定站立。

图 3-2-32　"V"字站立

③平行站立。

教学要领：两脚平行分开 10 ～ 20 厘米（见图 3-2-33），两脚尖稍内扣，上身放松，膝关节微屈，重心在两脚中间，保持两脚平行。

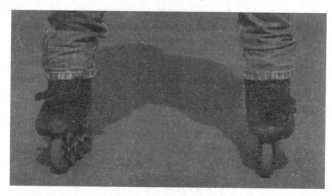

图 3-2-33　平行站立

（2）原地左右移动

教学要领：

①两脚平行站立，略宽于肩。

②身体略微前倾，眼睛平视前方 5～6 米处，含胸收腹，肩部自然下垂，腰背部放松，两臂自然放于背部，左手握住右手手腕，膝关节微屈，重心在两脚中间，保持两脚平行。

③上体向一侧移动，并逐步将身体重心移至支撑腿上，另一条腿辅助维持平衡。

④停顿控制 20 秒左右，上体再向另一侧移动，并将重心移至该侧支撑腿上。

⑤反复练习几次后，增加身体施加给支撑腿的重量，直至将重心完全移至一条腿上，另一条腿负重很小，仅起辅助维持平衡的作用。

注意：练习时，一定要保持两脚平行，鞋底部的四个轮子同时着地，与地面平行，避免两脚呈"八"字形，造成重心失衡。

（3）原地单腿支撑

教学要领：

①在基本站立姿势的基础上，重心先移到一条腿上，另一条腿微屈上抬，离地约 10 厘米后落下站稳（见图 3-2-34）；依照上述方法交换重心进行单腿支撑练习。

②反复练习后，增加单腿抬起的高度和单腿支撑的时间。

注意：原地单腿支撑技术是向前迈步行走的基础，进行原地单腿支撑练习时要注意直立轮滑鞋轮子，确保垂直支撑重心。

图 3-2-34　原地单腿支撑

（4）原地蹲起

教学要领：

①两脚平行或"V"字站立。

②控制重心，做向下蹲再起来的动作（见图 3-2-35）。练习下蹲时，开始蹲幅度小，随着练习次数的增加和可控范围的扩大不断加大，再进行深蹲练习，同时两臂可以配合腿部动作向前摆臂。

注意：蹲起时要保持重心的垂直升降，不可向前屈体再直立，只是做腿的蹲屈动作。

图 3-2-35　原地蹲起

图 3-2-35 （续）

（5）原地前后滑动

教学要领：

①两脚平行站立。

②两腿伸直，两臂侧举，控制重心，由大腿发力，做一只脚向前，同时另一只脚向后的动作，幅度由小到大。

③两脚交替地来回滑动，体会原地前后滑动的重心控制。

注意：两腿距离由小到大至相距一步大小为止。

3. 摔倒与起立技术

（1）摔倒

①向前摔倒。

教学要领：当身体失去平衡向前摔倒时，双腿弯曲，上体前倾，双手变掌，待双膝快接近地面时准备跪地。跪地前，掌根触地同时十指上翘向前推，然后双肘和双膝同时触地（见图 3-2-36）。头抬起，目视前方。

图 3-2-36 向前摔倒

图 3-2-36　（续）

②向侧摔倒。

教学要领：身体向侧摔倒时，双腿弯曲，上体前倾，身体重心移至同侧脚上，另一只脚自然地放在地面上，两手变掌，准备触地，同侧手掌掌根触地后向前推过渡到同侧肘关节。同时臀部落地，双手掌根撑地（见图3-2-37）。

图 3-2-37　向侧摔倒

③向后摔倒

教学要领：向后摔倒时，双腿弯曲，身体下蹲，尽量使身体重心向前落。双手变掌，掌心向下，双手掌根撑地，臀部和肘关节同时落地，两腿抬起。头抬起，防止头部触地。

（2）起立

教学要领：

①站立前膝盖着地，双手掌根撑地。

②单膝跪地，双手扶于没有着地的膝盖上，臀部离开脚后跟，腰挺直，身体重心微微前倾，双手用力撑住膝盖起立。

③呈基本站立姿势。

注意：站立时双手不要急于离开膝盖，待站立稳定后再离开。同时，前腿控制重心，后腿用鞋轮协助支撑。

4. 考核

（1）技术考核

考核熟练程度，拍视频后上传到"重庆市高校在线课程"中的"轮滑运动基础"课程上，进行技术评定。

（2）理论考核

规定时间内，自己单独在"重庆市高校在线课程"中的"轮滑运动基础"课程中完成习题。

习题与答案：

习题一：初步学习轮滑时，一定要佩戴（ ）。

A.头盔　B.护具　C.眼镜　D.A+B

习题二：在轮滑练习中，为了预防摔倒时摔到肘关节，应佩戴（ ）。

A.头盔　B.护掌　C.护肘　D.护膝

习题三：护具一般包括（ ）件。

A.8　B.6　C.4　D.2

习题四：初学者在练习轮滑时，为了保护头部，佩戴头盔时扣袢应（ ）。

A.绷紧　　B.宽松　C.适度　D.无所谓

习题五：向前摔倒时，（ ）先接触地面。

A.膝关节　B.手掌　C.肘关节　D.躯干

习题六：原地蹲起技术练习是为了掌握（ ）。

A.站立技术　B.平衡技术　C.初步滑行技术　D.滑行技术

习题七：原地左右移动时，鞋底部四个轮子同时着地，应与地面（ ），避免造成重心失衡。

A.平行　B.垂直　C.呈八字　D.呈A字

习题八：当身体失去平衡向前摔倒时，双腿弯曲，上体（ ）。

A.后倾　B.直立　C.前倾　D.侧倾

习题九：原地左右移动练习的目的是掌握（ ）。

A.起立技术　B.初步滑行技术　C.移动技术　D.平衡技术

习题十：练习轮滑意外摔倒时，切忌向（ ）摔倒。

A.前面　　B.后面　C.侧向　D.斜向

答案：D、C、B、C、B、B、B、C、D、B

（二）初步滑行技术

初步滑行技术教学内容依次为"V"字行走—抬腿行走—侧向行走—走步

双滑—葫芦滑行—"S"滑行。

1."V"字行走

教学要领：

①呈"V"字站立。

②原地踏步，膝关节微屈，脚要直起直落，用力踩向地面，同时身体重心随两脚左右移动。

③在原地踏步站稳的条件下，一只脚支撑重心，另一只脚向前迈步。重心移至迈步脚，同时另一只脚抬起向前迈出，进行向前小步行走练习，逐渐加快行走的频率并加大步幅（见图3-2-38）。

④反复练习，逐渐增加单脚滑行的距离和两脚推刃的力度。

注意：向前迈步时，上体稍微前倾，切忌左右晃动。

图 3-2-38　　"V"字行走

2. 抬腿行走

教学要领：

①在原地单腿支撑的基础上，降低抬腿的高度，脚落在起脚点 5～10 厘米处（见图3-2-39）。

②反复练习，逐渐增加落脚点和起脚点的距离。

③低抬腿，稳重心，迈步走。

注意：抬腿时重心不要后仰，鞋底的轮子要始终和地面垂直，防止抬腿步态不稳。

图 3-2-39   抬腿行走

3. 侧向行走

教学要领：

①呈平行站立姿势，两脚距离与肩等宽，上体前倾。

②重心向右侧倾，左脚向左横迈一小步，身体重心迅速跟上，然后右脚向左脚靠拢着地。

③身体站稳后，重心向左侧倾，右脚向右横迈一小步，身体重心迅速跟上，然后左脚向右脚靠拢着地。

④左右两侧反复进行（见图 3-2-40）。

注意：侧向行走技术要求两脚保持并行，脚尖不要外展，否则身体会随着重心的移动而滑行。同时，练习的步幅、步频和侧蹬力度应逐渐增加。

图 3-2-40   侧向行走

4. 走步双滑

教学要领:

①呈平行站立姿势。

②重心向右侧倾，左脚向左横迈一小步，身体重心迅速跟上，然后右脚向左脚靠拢着地。

③身体站稳后，重心向左侧倾，右脚向右横迈一小步，身体重心迅速跟上，然后左脚向右脚靠拢着地。

④重复上述动作，即可产生一定的惯性，然后两脚迅速并拢平行，两脚距离略小于肩，上体略前倾，屈膝微蹲，借助惯性向前滑行一段距离(见图3-2-41)。

⑤在要停下时，做侧向蹬腿技术，获得惯性后保持双脚滑行。逐渐加快行走的速度、减少行走的步数并延长滑行的距离，体会身体向前滑行的感觉。

图 3-2-41　走步双滑

5. 葫芦滑行

教学要领:

①原地两脚平行站立。

②两脚尖外展并以内刃蹬地，脚尖向侧滑出，两腿屈膝，身体前倾，两臂自然张开保持身体平衡。

③两脚向前外滑，弧线宽度略宽于肩，膝关节逐渐伸直并平行滑出。

④两脚尖同时内扣，并用外刃向前滑行，两膝弯曲，身体前倾。

⑤两脚逐渐并拢，重复上述动作，连续滑行（见图3-2-42）。

图 3-2-42　葫芦滑行

6."S"滑行

教学要领：

①向前滑行，重心前移，两脚平行，形成向前滑行的惯性。

②髋部发力带动膝和双脚脚掌，使双脚脚跟左右同时变向，形成 S 形滑行（见图 3-2-43）。

图 3-2-43　"S"滑行

7.考核

（1）技术考核

考核内容："V"字行走—抬腿行走—侧向行走—走步双滑—葫芦滑行—"S"滑行。

考核要求：考核熟练程度，拍视频后上传到"重庆市高校在线课程"中的"轮滑运动基础"课程上，进行技术评定。

（2）理论考核

规定时间内，自己单独在"重庆市高校在线课程"中的"轮滑运动基础"课程中完成习题。

习题与答案：

习题一："V"字行走时，两脚外展呈（　　）。

A.A字　B.V字　C.平行　D.T字

习题二："V"字行走练习时，在（　　）的基础上，一只脚支撑重心，另一只脚向前迈步。

A.原地踏步　B.平行滑行　C.交叉行走　D.交叉滑行

习题三：抬腿行走时，应注意（　　）。

A.抬腿高度逐渐增加　B.脚落在起脚点20～30厘米处

C.反复练习后，逐渐减少落脚点和起脚点的距离　D.鞋底的轮子和地面保持垂直

习题四：双脚跟左右同时变向，形成（　　）。

A.葫芦滑行　B.走步双滑　C."S"滑行　D."V"滑行

习题五：侧向行走技术中两脚保持并行，脚尖不要外展，否则身体会随着重心的移动而滑行，练习的（　　）应逐渐增加。

A.步幅　B.步频　C.侧蹬力度　D.以上都为正确选项

习题六：在走步滑行中，两脚迅速并拢平行，两脚的距离（　　），借助惯性向前滑行。

A.略小于肩　B.与肩同宽　C.略大于肩　D.为零

习题七：在葫芦滑行中切忌（　　）。

A.身体前倾　B.两腿屈膝　C.两臂张开　D.重心移动

习题八：抬腿时重心不要（　　），鞋底的轮子始终和地面垂直，防止抬腿步态不稳。

A.前移　B.后仰　C.落在左脚　D.落在右脚

习题九：在滑行要停下时，（　），获得惯性后保持双脚滑行。

A. 做侧向蹬腿技术　B. 身体向前发力　C. 双臂摆动　D. 两脚尖同时内扣

习题十：原地踏步，膝关节微屈，脚要直起直落，用力踩向地面，同时身体重心（　）。

A. 随两脚左右移动　B. 一直在左脚　C. 一直在右脚　D. 保持不动

答案：B、A、D、C、D、A、D、B、A、A

（三）制动技术

制动技术教学内容依次为刹车器制动—"V"字制动—"A"字制动—"T"字制动—横叉制动—侧向制动。

1. 刹车器制动

教学要领：

（1）原地模拟制动要领

①两脚平行站立。

②两脚中带有刹车器的脚在前，另一只脚在后，前后平行拉开。

③双手扶于带有刹车器的脚的那一侧的膝盖上，轻轻翘起脚尖，使刹车器和地面接触。通过练习，掌握刹车器的原地模拟制动技术。

（2）滑行制动要领

①两脚向两侧蹬地形成两脚滑行动作。

②双滑稳定后，双手扶于带有刹车器的脚的那一侧的膝盖上。带有刹车器的脚前推，轻轻翘起脚尖，使刹车器和地面接触进行制动（见图3-2-44）。

注意：在滑行中利用刹车器制动时，勿用力过大，使刹车器和地面完全接触，避免滑行中因突然制动而摔倒。

图 3-2-44　滑行制动

2. "V" 字制动

教学要领：

①两脚向两侧蹬地形成两脚滑行动作。

②身体前倾，双膝微屈外展，两脚跟并拢呈"V"字形。重心落在两脚中间略偏脚跟处，利用轮子内刃与地面的摩擦起到减速制动的作用（见图3-2-45）。

图 3-2-45 "V"字制动

3. "A" 字制动

教学要领：

①两脚向两侧蹬地形成两脚滑行动作，双膝微屈内扣，内刃着地，两脚距离略宽于肩。

②两脚尖内扣呈"A"字形，重心落在两脚中间略偏脚跟处，脚跟用力向外张，利用轮子内刃与地面的摩擦起到减速制动的作用（见图3-2-46）。

图 3-2-46 "A"字制动

4."T"字制动

教学要领:

（1）原地模拟制动要领

①两脚平行站立。

②将重心放在左脚上，左膝微屈，同时抬起右脚，右脚脚尖外转。

③右脚弓步（中间）垂直于左脚后呈"T"字形，重心下降并逐渐移向右脚。

（2）滑行制动要领

①两脚向两侧蹬地形成两脚滑行动作。

②当滑行要停止时，将重心放在左脚上，左膝微屈，同时抬起右脚，右脚脚尖外转。右脚弓步（中间）垂直于左脚后呈"T"字形，并以右脚的四个轮子内刃摩擦地面，以减慢滑行速度，重心下降并逐渐移向右脚（见图3-2-47）。

③根据技术掌握情况，逐渐在滑行速度略快的情况下进行滑行制动。

图 3-2-47　"T"字制动

5.横叉制动

教学要领:

①两脚向两侧蹬地形成两脚滑行动作。

②两脚尖逐渐外展，双膝伸直，内刃着地，随着滑行两腿分开的距离增大至个人控制能力内，通过内刃与地面的摩擦进行减速制动（见图3-2-48）。

③速度过快时，上体前倾，双手变掌，用掌根撑地，配合两脚内刃制动刹车。

注意：速度过快用掌根撑地时，不要屈臂，避免面部接触地面。

图 3-2-48　横叉制动

6. 侧向制动

教学要领：

①两脚向两侧蹬地形成两脚滑行动作。

②身体带动双脚迅速向一侧转体 90 度，两脚平行分开，同时身体重心迅速降低并后移，前脚向前进方向尽量前伸，使其远离身体重心与地面形成小角度的反支撑，后脚应在重心的前面呈一定角度的反支撑，使轮子和地面摩擦，从而让滑行突然停止（见图 3-2-49）。

注意：侧向制动技术两脚也可以不分开，让两脚平行地做转身急停。该技术可在很短的时间内达到制动的目的，但是它有一定的难度，一般不易掌握，初学者一定要注意安全，循序渐进。

图 3-2-49　侧向制动

图 3-2-49 （续）

7. 考核

（1）技术考核

考核内容：刹车器制动—"V"字制动—"A"字制动—"T"字制动—横叉制动—侧向制动。

考核要求：考核熟练程度，拍视频后上传到"重庆市高校在线课程"中的"轮滑运动基础"课程上，进行技术评定。

（2）理论考核

规定时间内，自己单独在"重庆市高校在线课程"中的"轮滑运动基础"课程中完成习题。

习题与答案：

习题一：两脚平行站立，两脚中带有刹车器的脚在前，另一只脚在后，前后（ ）拉开。

A. 垂直 B. 平行 C.30 度角 D.60 度角

习题二：双滑稳定后，双手扶于带有刹车器的脚的那一侧的膝盖上，带有刹车器的脚前推，（ ），使刹车器和地面接触进行制动。

A. 轻轻翘起脚尖　　　　B. 轻轻翘起脚跟

C. 轻轻抬起没有带刹车器的脚 D. 重心放于带刹车器的脚上

习题三：两脚向两侧蹬地形成两脚滑行动作，身体前倾，双膝微屈外展，两脚跟并拢呈（ ）。重心落在两脚中间略偏脚跟处，利用轮子内刃与地面的摩擦起到减速制动的作用。

A."T"字形 B."A"字形 C."S"字形 D."V"字形

习题四：将重心放在左脚上，左膝微屈，同时抬起右脚，右脚脚尖外转，右脚弓步（中间）垂直于左脚后呈（　），重心下降并逐渐移向右脚。

A．"T"字形　　B．"A"字形　　C．"S"字形　　D．"V"字形

习题五：两脚尖逐渐外展，双膝伸直，内刃着地，随着滑行两腿分开的距离增大至个人控制能力内，通过内刃与地面的摩擦进行减速制动的制动方式是（　）。

A．侧向制动　　B．横叉制动　　C．"T"字制动　　D．"A"字制动

习题六：重心落在两脚中间略偏脚跟处，脚跟用力向外张，利用轮子内刃与地面的摩擦起到减速制动作用的是（　）。

A．侧向制动　　B．横叉制动　　C．"T"字制动　　D．"A"字制动

习题七："A"字制动时，两脚向两侧蹬地形成两脚滑行动作，双膝微屈内扣，内刃着地，两脚距离（　）。

A．略小于肩　　B．与肩同宽　　C．略宽于肩　　D．为零

习题八：滑行中利用刹车器制动时，应注意不要（　），使刹车器和地面完全接触，避免滑行中因突然制动而摔倒。

A．用力过大　　B．速度过慢　　C．速度过快　　D．重心不稳

习题九：侧向制动时，身体带动双脚迅速向一侧转体（　）度，两脚平行分开。

A．30　　B．60　　C．90　　D．180

习题十：侧向制动技术两脚也可以不分开，让两脚（　）地做转身急停。

A．垂直　　B．平行　　C．开立　　D．并拢

答案：B、A、D、A、B、D、C、A、C、B

（四）转弯技术

转弯技术教学内容依次为推刃转弯—惯性转弯—蟹步转弯—走步转弯—短步转弯—压步转弯。

1. 推刃转弯

教学要领：

①两脚向两侧蹬地形成两脚滑行。

②身体重心放在即将转向一侧的同侧腿上，同时同侧脚微压外刃，双手扶于重心腿膝盖上，另一只脚用内刃一推一收，反复进行推刃，绕直径2米的圆滑行，身体正面微倾向圆心方向，眼睛看圆心。

2.惯性转弯（以向左侧转弯为例）

教学要领：

①两脚向两侧蹬地形成向前滑行的一定速度，两脚并行略靠近。

②左脚略向前，右脚靠后。

③双膝向左侧压，促使两鞋轮左侧压地，同时重心略向左移，在克服离心力的状态下，两脚前后平行，借助惯性顺着圆弧前滑，完成转弯技术（见图3-2-50）。

图 3-2-50　惯性转弯

3.蟹步转弯（以向左侧转弯为例）

教学要领：

①两脚向两侧蹬地形成向前滑行的一定速度，两脚并行。

②左脚以后跟轮为轴外转脚尖成侧向，右脚顺着惯性前伸。

③左脚继续外转与右脚组成蟹步，同时身体向内适当倾斜，重心适当向圆内偏移，使鞋轮内刃压地，整个身体在惯性帮助下向左转弯前滑（见图3-2-51）。

图 3-2-51　蟹步转弯

4. 走步转弯（以向左转弯为例）

教学要领：

①两脚向两侧蹬地形成向前滑行或半走半滑动作。

②滑行中，每一次抬腿迈步时，落脚点都向左转动 10 ～ 15 度，使滑行路线逐渐成弧线，身体随之向左转弯。

③到达所要转向的方向时，进行向前滑行（见图 3-2-52）。

图 3-2-52　走步转弯

5.短步转弯（以向左转弯为例）

教学要领：

①在惯性转弯的动作基础上进行。

②重心完全落在左腿上或超出左腿支点，上体和头部向左转动，右脚向右后方蹬地后迅速收回，靠近左脚落地做短暂支撑，此时左脚脚尖向左稍微转动，右脚迅速向右侧蹬地，重复上述动作，即可向左转弯（见图3-5-53）。

图 3-2-53　短步转弯

6.压步转弯（以向左转弯为例）

教学要领：

①两脚向两侧蹬地向前滑行。

②身体向左侧倾斜，右脚在右后方向用内刃蹬地。

③右脚蹬离地面并在左脚的左前方着地，目视左前方。

④左脚外刃蹬地，蹬离地面后在右脚的左前方着地，保持身体倾斜。右脚向左脚靠拢，双脚平行滑出（见图3-2-54）。

图 3-2-54　压步转弯

（五）倒滑技术

倒滑技术教学内容依次为惯性倒滑—葫芦倒滑—双"S"倒滑—单"S"倒滑。

1.惯性倒滑

教学要领：

①两脚平行站立。

②借助外力，如推墙或者由同伴辅助推出，身体略前倾，双膝微屈，双臂自然前举，眼睛平视前方（见图3-2-55）。

③当速度减慢时，可采用"V"字制动的方式停止。

注意：借助外力练习惯性倒滑时，力度以适度为宜，切勿过大。

图 3-2-55　惯性倒滑

2. 葫芦倒滑

教学要领：

①两脚平行站立。

②脚尖稍向内，两腿弯曲，用两脚内刃向前蹬地，同时两脚跟向两侧分开。

两臂自然张开，头部向后转，用余光看后方。

③两脚外滑至最大弧度（两脚间距稍宽于肩）时，两脚后跟用外刃收回，大腿用力向内夹，膝关节逐渐伸直，两脚平行滑出。重复上述动作，连续向后滑行（见图 3-2-56）。

注意：重心在两脚之间，以两脚前轮为主，外滑分腿不要过大，两腿屈伸协调配合。同时，两脚后跟用外刃收回时不要对碰，避免摔倒。

图 3-2-56　葫芦倒滑

3. 双"S"倒滑

教学要领：

①"8"字倒滑形成向后滑行的惯性。

②重心后移，两脚平行倒滑。

③髋部发力带动膝和双脚脚掌，使双脚脚掌通过鞋轮碾地，双脚脚跟左右变向，顺势产生向后滑行的动力（见图 3-2-57 和图 3-2-58）。

注意：学习时，速度逐渐加快，体会双脚脚跟变向以及与地面的碾动，借助惯性顺势倒滑。

图 3-2-57 双 "S" 倒滑

图 3-2-58 双 "S" 倒滑脚部动作

4. 单 "S" 倒滑

教学要领：

①两脚交替蹬地后滑，借助惯性平行向后滑行。

②左脚单脚支撑倒滑。

③以左膝带动左脚脚掌用鞋轮碾地，使脚跟右转，并顺势倒滑，然后再以左膝带动左脚脚掌用鞋轮碾地，使脚跟左转，并顺势倒滑。重复上述动作，连续进行单脚 "S" 形倒滑（见图 3-2-59）。

注意：单脚支撑，重心支撑面小，应以膝关节的带动加快左右转向频率，弥补支撑能力的不足。

图 3-2-59 单"S"倒滑

5. 考核

（1）技术考核

考核内容：惯性倒滑—葫芦倒滑—双"S"倒滑—单"S"倒滑。

考核要求：考核熟练程度，拍视频后上传到"重庆市高校在线课程"中的"轮滑运动基础"课程上，进行技术评定。

（2）理论考核

规定时间内，自己单独在"重庆市高校在线课程"中的"轮滑运动基础"课程中完成习题。

习题与答案：

习题一：对惯性倒滑描述不正确的是（　）。

A. 可借助外力滑行　　B. 身体略向后倾　　C. 双膝微屈

D. 双臂自然张开

习题二：葫芦倒滑时两脚（　）站立。

A. 呈"T"形　B. 垂直　C. 平行　D. 呈"V"形

习题三：在葫芦倒滑中，两脚外滑至最大弧度（两脚间距稍宽于肩）时，两脚后跟用外刃收回，（　）用力向内夹，膝关节逐渐伸直，两脚平行滑出。

A. 大腿　　B. 小腿　C. 双脚　D. 双臂

习题四：重心在（　），外滑分腿不要过大，两腿屈伸协调配合。

A. 左脚上，以左脚前轮为主　　　　B. 右脚上，以右脚前轮为主

C. 两脚之间，以两脚后轮为主　　　D. 两脚之间，以两脚前轮为主

习题五：在双"S"倒滑中，速度逐渐加快，体会双脚脚跟变向以及与地面的碾动，借助（　）顺势倒滑。

A.惯性　B.重力　C.速度　D.脚力

习题六：以左膝带动左脚脚掌用鞋轮碾地，使脚跟右转，并顺势倒滑，然后再以左膝带动左脚脚掌用鞋轮碾地，使脚跟左转，并顺势倒滑的是（　）。

A.葫芦倒滑　B."S"滑行　C.双"S"倒滑　D.单"S"倒滑

习题七：对双"S"倒滑描述正确的是（　）。

A.开始时用"8"字倒滑形成向后滑行的惯性

B.重心后移，两脚倾斜倒滑

C.双脚脚跟向后变向，顺势产生向后滑行的动力

D.速度越快越稳

习题八：单脚支撑倒滑，连续进行单脚"S"形向后滑行，称为（　）。

A.葫芦倒滑　B."S"滑行　C.双"S"倒滑　D.单"S"倒滑

习题九：两脚外滑至最大弧度（两脚间距稍宽于肩）时，两脚后跟用外刃收回，大腿用力向内夹，膝关节逐渐伸直，两脚平行滑出。重复上述动作，连续向后滑行，称为（　）。

A.双"S"倒滑　B."S"滑行　C.葫芦倒滑　D.单"S"倒滑

习题十：进行惯性倒滑练习时，两脚（　）站立。

A.呈"T"形　C.平行　B.呈"A"形　D.呈"V"形

答案：B、C、A、D、A、D、A、D、C、B

六、技能鉴赏

"轮滑运动基础"技术鉴赏视频中（见图3-2-60）有重庆市选手参加全国比赛所编排的两套成套动作，供读者观赏、借鉴和学习。成套动作一般是为正规比赛专门编排的套路动作的集合。套路动作是构成成套动作的基础，在套路动作的基础上，配合音乐，添加进桩动作、出桩动作以及桩排之间的连接动作就形成了套路动作。在正规比赛中，要求运动员编排3组套路动作，配合自选音乐，对应3排不同桩距的桩（桩距为50厘米、80厘米、120厘米，数量依次为20个、20个、14个）进行表演；对成套动作的时间也有明确规定，一般为120±5秒；此外，对运动员的表演服装等也有相应的规定。

图 3-2-60　技术鉴赏视频

技术鉴赏套路动作开始后进入的第一个桩标记为 1 号桩，最后一个桩标记为 20 号桩，在一排桩上做动作时，从 1 号桩开始的连续动作是正向动作，反之，从 20 号桩开始的连续动作是反向动作。

（一）套路一——爱乐 One

正向动作：前蛇 + 反 QQ（1、2、3 桩）+[连接动作：收腿（4 桩）+ 单脚跳转（5 桩）]+ 绕桩转（6、7、8、9 桩）+ 玛丽（10 桩）+[连接动作：单脚跳转（11 桩）+ 推地加速转身（12、13、14、15 桩）]+ 单脚正摆（16、17、18、19、20 桩）。

反向动作：Volt（20、19、18 桩）+ 玉米（17、16、15 桩）+X（14 桩）+后尼尔森（13 桩）+X 跳（12、11 桩）+Wiper（10、9、8、7 桩）+[连接动作：推地加速（6、5、4 桩）]+ 单轮向前（3、2、1 桩）。

这个套路正向动作采用了前蛇、反 QQ、绕桩转、玛丽、单脚正摆等进行组合，从上述动作分解中我们看到，在正向动作中，前蛇和反 QQ 是能够顺畅连接的，因此这两个动作可以形成一个组合动作，而反 QQ 和绕桩转之间较难形成顺畅连接，所以在中间加了一个缓冲动作来进行身体调整，从而能够顺利地进行绕桩转的动作。同样，玛丽与单脚正摆两个动作之间也很难形成顺畅连接，因为在玛丽之后速度有所下降，而单脚正摆需要较大的速度惯性来保证动作的完成，所以，在玛丽之后加入了一个推地加速的连接动作，从而获得更快的速度，以保证单脚正摆能顺利完成。

在反向动作中，前面 Volt、玉米、X、后尼尔森、X 跳、Wiper 等动作都能较为顺畅地连接，但在 Wiper 之后，由于 Wiper 是跳跃性动作，动作结束后身体重心处于失衡状态，而接下来的单轮向前又需要较好的重心稳定状态，所以，在这两个动作之间加入了连接动作，以平稳重心，顺利完成单轮向前动作。

（二）套路二——爱乐 Two

根据以上分析方法，对爱乐 Two 进行分析，试着思考，如果是自己来做，会采用什么样的缓冲动作进行动作间的连接呢？

正向动作：

前剪（1桩）+X（2桩）+Fanvolt（3、4桩）+T刹（5、6桩）+［连接动作：横跨步（7、8桩）]+Double Crazy（9、10、11桩）+ 前尼尔森（12桩）后尼尔森（13桩）+Volt（14、15桩）+ 后蛇（16、17、18、19桩）+ 双轮转（20桩）。

反向动作：

Volt（20、19、18、17桩）+ 前蛇（16、15、14桩）+ 后单脚摆（13、12、11桩）+［连接动作：蹬地加速（10、9桩）]+T刹（8、7桩）+X（6、5桩）+Wiper（4、3桩）+ 倒单脚（2、1桩）。

七、拓展阅读与教学互动

在线开放课程"轮滑运动基础"中的拓展阅读模块（见图 3-2-61）以孟现录主编的《自由式轮滑——花式绕桩》（重庆出版集团出版）为主要拓展阅读内容。而在教学互动模块中，教学互动通过师生讨论交流的形式进行，教师为学生解答疑问，提高学生的学习效率。

图 3-2-61　"轮滑运动基础"拓展阅读

参考文献

[1] 张尧均. 隐喻的身体：梅洛 – 庞蒂身体现象学研究 [M]. 杭州：中国美术学院出版社，2006.

[2] 刘良华. 教育哲学 [M]. 上海：华东师范大学出版社，2017.

[3] 阿利埃斯. 儿童的世纪：旧制度下的儿童和家庭生活 [M]. 沈坚，朱晓罕，译. 北京：北京大学出版社，2013.

[4] 段德智. 主体生成论：对"主体死亡论"之超越 [M]. 北京：人民出版社，2009.

[5] 瑞迪，哈格曼. 运动改造大脑 [M]. 浦溶，译. 杭州：浙江人民出版社，2008.

[6] 贝洛克. 具身认知：身体如何影响思维和行为 [M]. 李盼，译. 北京：机械工业出版社，2016.

[7] 古特曼. 从仪式到纪录：现代体育的本质 [M]. 花勇民，钟小鑫，蔡芳乐，译. 北京：北京体育大学出版社，2012.

[8] 张梅. 从"儿童的发现"到"童年的消逝"：关于"儿童"的概念及其相关问题的考察 [J]. 文艺争鸣，2016（3）.

[9] 叶小耀. 主体性课堂：有效教学模式的分学科建构 [J]. 课程·教材·教法，2014，34（12）.

[10] 王策三. 教育主体哲学刍议 [J]. 北京师范大学学报（社会科学版），1994（4）.

[11] 邹玉玲. 主体性体育及其课程观探论 [D]. 南京：南京师范大学，2004.

[12] 张兰英. 小学儿童主体性文化建构实践策略 [D]. 长春：东北师范大学，2009.

附　录

附录一

重庆市教育委员会关于开展 2017 年高校精品在线开放课程认定工作的通知

渝教高函〔2017〕53 号

各高等学校：

根据《教育部关于加强高等学校在线开放课程建设应用与管理的意见》（教高〔2015〕3 号）和《重庆市教育委员会关于开展市级精品在线开放课程建设工作的通知》（渝教高〔2015〕76 号）精神，为进一步推动在线开放课程建设与应用共享，促进信息技术与教育教学深度融合，决定开展 2017 年重庆市高校精品在线开放课程认定工作。现将有关事项通知如下：

一、认定范围

截至 2017 年 12 月 31 日，市内高校在"爱课程网""学堂在线""好大学在线""华文慕课""重庆高校在线开放课程平台"等面向在校学生完成一期及以上教学活动的全日制本科和专科层次大规模在线开放课程，以受众面广量大的课程为重点。

不具备大规模在线开放课程特性的课程，如视频公开课、资源共享课，以及无完整教学过程和教学活动的在线课程等，不在认定范围内。

各校拟推荐申报的课程尚未在我市公开课程平台开放使用的，须将课程申报信息上传到"重庆高校在线开放课程平台"上，便于专家进行网上评审，具体处理方法见"未在重庆高校在线开放课程平台开课的申报说明"（附件 5）。

二、课程要求

申报参加市级精品在线开放课程认定的课程，须符合《重庆市高校精品在线开放课程评审标准（试行）》（渝教高发〔2017〕8号）要求。

（一）课程团队

1. 负责人应为高校在职教师，师德师风良好，教学经验丰富，教学能力强。

2. 积极探索信息技术与教育教学深度融合的教学改革，结构合理、人员稳定，能够保证线上线下教学的正常有序运行。

3. 持续为学习者提供有效的教学服务，根据教学计划和要求，及时对课程内容进行更新和完善。

（二）教学设计

注重探索以学生为中心的课程教学组织新模式。根据在线学习和混合式教学需要，积极开展课程内容重构，构建科学的知识体系，配置必要合理的教学资源。

（三）课程资源

应包括课程介绍、负责人介绍、教学大纲、授课视频、演示文稿、教学课件、课程公告、测验和作业、考试等教学活动必需的资源，以及能满足高校教学和学生自主学习需要的参考资料。内容导向正确，体现现代教育思想，无危害国家安全、涉密及其他不适宜网络公开传播的内容，无侵犯他人知识产权的内容。

（四）教学活动及师生互动

通过课程平台，为学生提供测验、作业、考试、答疑、讨论等教学组织活动。各项教学活动完整、有效，按计划实施。学生在线学习响应度高。能有效促进师生之间、学生之间资源共享、互动交流和自主式与协作式学习。教师及时开展在线指导与测评。

（五）教学效果与影响

课程共享范围广泛，应用模式多样，有效选用的高校学生在线学习人数多，线上线下应用结合效果较好，能切实提高教学质量，在推动大规模在线开放课程普及和发展中发挥示范引领作用。

三、申报推荐

（一）申报和推荐程序

经学校申报，我委组织专家，按照《重庆市高校精品在线开放课程评审标准（试行）》要求，对申报课程开展评审认定工作，对使用效益好、师生评价高的市级精品在线开放课程，优先推荐参加国家精品在线开放课程认定。

（二）工作要求

各高校要高度重视本次市级精品在线开放课程的申报、推荐等组织工作，规范工作程序，严格按照课程要求，确保申报或推荐课程质量。

高等学校作为在线开放课程建设的主体，要严格按照市级精品在线开放课程申报条件和申报书（附件2）要求，组织对本校建设或牵头建设的在线开放课程进行遴选，公正、客观、科学地评价课程，择优申报。要对申报课程网上内容和教学活动进行全面核查，确保合法性、完整性和有效性。网上无法显示完整内容和教学活动的课程不得推荐。知识产权等问题由学校把关。

（三）报送时间

请各高校于2017年11月10日前将联系人信息表（附件1）电子版发送至市教委高教处邮箱；于11月17日前，将各校推荐课程申报材料、申报课程汇总表（附件3）电子版及纸质材料（一式三份）报送市教委高等教育处。

四、评审认定

（一）资格审查

接收申报材料日期截止后，我委将组织人员对申报材料进行资格审查。主要审查申报课程是否符合申报要求、申报材料是否完整规范、课程相关信息是否真实等。未通过资格审查的课程不得进入评审程序。

（二）评审认定

我委组织专家，对通过资格审查的课程的内容质量、学术水平、课程应用共享效果等方面进行综合评议。经公示后予以认定为"2017年重庆市高校精品在线开放课程"。

五、认定后管理

经评审认定的重庆市高校精品在线开放课程，应通过"重庆高校在线开放课程平台"面向全市高校开展共享应用，相关高校及课程平台要持续建设与完善，确保自认定开始，面向高校和社会开放并提供教学服务不少于 2 年。我委将通过"重庆高校在线开放课程平台"对课程教学内容与资源、教学效果与影响、团队支持与服务等情况进行动态监测，对资源更新不及时、缺乏授课团队支撑和应用效果不好的课程取消其市级精品在线开放课程称号。

联系人及联系方式：

市教委高教处：尹恒、李翔；联系电话：60393034；邮箱：cqedugjc@163.com。

市教育技装中心：郑州；联系电话：13452193499。

重庆高校在线开放课程平台：周云春；联系电话：67778602；邮箱：cqooc@cqooc.com。

附件：1.重庆市高校精品在线开放课程认定工作联系人信息表（2017 年）

2.重庆市高校精品在线开放课程申报书（2017 年）

3.重庆市高校申报课程汇总表（2017 年）

4.课程数据信息表（2017 年）

5.未在重庆高校在线开放课程平台开课的申报说明

重庆市教育委员会

2017 年 11 月 6 日

附件 1

重庆市高校精品在线开放课程认定工作联系人信息表（2017 年）

单位	姓名	所在部门	职务	电话	手机	电子邮箱

附件 2

重庆市高校精品在线开放课程申报书
（2017 年）

课程名称：

课程负责人：

联系电话：

开课平台：

课程学校：

专业代码：

填表日期：

重庆市教育委员会高等教育处制

2017 年 11 月

填表说明：

1. 开课平台是指面向高校和社会开放并提供学习服务的公开慕课平台；

2. 申报课程名称、课程团队须与平台实际开课情况一致，若在多个平台开课，须选择一个主要的平台进行填报；

3. 申报课程因课时确实较长而分段在线开课，并由不同负责人主持的，可多人联合申报同一门课程；

4. 专业代码指《普通高等学校本科专业目录（2012）》或《普通高等学校高等职业教育（专科）专业目录（2015年）》中的专业类代码，四位数字，没有对应学科专业的课程本科填写"0000"，专科高职填写"1111"；

5. 申报书请按每门课程单独装订成册，一式三份。

一、课程基本情况

课程名称	
课程负责人	
课程对象	□本科生□专科生
课程类型	□公共课□专业基础课□专业核心课□其他 □思想政治理论课□文化素质教育课□创新创业课□教师教育课
开课平台	
平台首页网址	
首期上线时间	
课程开设期次	
课程链接	

若因同一门课程课时较长，分段在线开设，请填写下表：

序号	课程名称	负责人	负责人单位	课时/周	课程链接
1					
2					
3					

序号	课程名称	负责人	负责人单位	课时/周	课程链接
4					
5					
…					

二、课程团队情况

序号	姓名	单位	职务	职称	承担任务
1					
2					
3					
4					
5					
…					

课程负责人教学情况（不超过 500 字）
（在承担学校教学任务、开展教学研究、近 5 年来获得教学奖励方面的情况等）

三、课程特色（不超过 800 字）

（本课程运用信息技术在课程体系、教学内容和教学方法等方面的改革情况）

四、课程应用情况（不超过 800 字）

（本校、其他高校以及社会学习者应用情况及效果）

五、课程建设计划（不超过 500 字）

（本课程今后两年继续面向高校和社会提供学习服务计划，包括面向高校的教学
应用计划和面向社会开设期次、持续更新和提供教学服务设想等）

六、诚信承诺

　　本人已认真填写并检查以上材料，保证内容真实有效。

课程负责人（签字）：
年　月　日

七、附件材料清单

1. 政治审查意见（必须提供）

（本校党委对课程团队成员情况进行审查，以及对课程政治导向把关审查情况，确保课程正确的政治方向、价值取向。须由学校党委盖章。无统一格式要求。）

2. 学术性评价意见（必须提供）

[学术评价意见由学校学术性组织（校教指委或学术委员会等），或相关部门组织的相应学科专业领域专家（不少于3名）组成的学术审查小组，经一定程序评价后出具。须由学术性组织盖章或学术审查小组全部专家签字。无统一格式要求。]

3. 课程数据信息表（必须提供）

（按照申报文件附件4格式提供，须课程平台单位盖章）

4. 校外评价意见（可选提供）

[此评价意见作为课程有关学术水平、课程质量、应用效果等某一方面的佐证性材料或补充材料，可由教育部教指委等专家组织，有关学术组织、课程联盟组织、课程平台、课程应用高校（或高校相应院系）等出具，也可由相应学科专业领域的校外专家学者出具。须相关单位盖章或专家签字。评价意见以1份为宜，不得超过2份。无统一格式要求。]

八、申报学校承诺意见

本校已按照申报要求组织相关机构对申报课程网上内容和教学活动进行了审查，对课程有关信息及课程负责人填报的内容进行了核实。经评审评价，现择优申报。

本课程如果被认定为"市级精品在线开放课程"，学校承诺将监督和保障该课程面向高校或社会开放并提供教学服务不少于2年，支持和监督课程教学团队对课程不断改进完善。

主管校领导签字：

（学校公章）

年　月　日

附件 3

重庆市高校申报课程汇总表（2017 年）

学校名称（公章）

序号	课程名称	课程类型（本科、专科高职）	课程学校	课程负责人	专业代码	课程开设期次	开课平台
1							
2							
3							
4							
5							

说明：

1. 此汇总表打印后与其他需要提交的材料一起上报；

2. 专业代码指《普通高等学校本科专业目录（2012 年）》或《普通高等学校高等职业教育（专科）专业目录（2015 年）》中的专业类代码，四位数字，没有对应学科专业的课程本科填写"0000"、专科高职填写"1111"；

3. 课程开设期次指课程在开课平台已运行的完整学期次数。

附件 4

课程数据信息表（2017 年）

课程平台单位（公章）：

基本信息	课程名称			
	学校名称			
	课程负责人			
	单期课程开设周数			
	课程运行平台名称			
课程开设情况	开设学期	起止时间	选课人数	课程链接
	1			
	2			
	…			
第（ ）（ ）期课程资源与学习信息	授课视频	总数量（个）		
		总时长（分钟）		
	非视频资源	数量（个）		
	课程公告	数量（次）		
	测验和作业	总次数（次）		
		习题总数（道）		
		参与人数（人）		
	互动交流情况	发帖总数（帖）		
		教师发帖数（帖）		
		参与互动人数（人）		
	考试	次数（次）		
		试题总数（题）		
		参与人数（人）		
高校使用情况	使用课程学校总数			
	使用课程学校名称			
	选课总人数			

填表说明：

1."单期课程开设周数"指课程一个完整教学周期的运行周数；

2."课程开设情况"，一门课开设多期，则填写多行记录，学期开始时间和结束时间具体到日，格式如：2016-9-1（年－月－日）；

3."第（）（）期课程资源与学习信息"，可以任选"课程开设情况"中的两期填写所有数据，括号中填写"开设学期"的数字；

4."高校使用情况"仅提供课程平台系统里开设 SPOC 的数据信息，以社会学习者个人身份注册不计算在内。

附件5

未在重庆高校在线开放课程平台开课的申报说明

一、需要网上申报的课程

参加评选的课程尚未在"重庆高校在线开放课程平台"（www.cqooc.com）上建设的课程，都需要进行网上信息申报。在进行网上申报之前，需要开通教师的平台账号。

二、开设平台账号的方法

在进行网上信息申报之前，需要向重庆高校在线开放课程平台的本校的院校管理员提供课程教学团队教师的个人账号（用户名）信息，由院校管理员开设教师账号，具体方法是：

提供账号（用户名），账号格式是：学校代号＋工号；系统会自动设置默认密码，请向系统管理员咨询密码。提供其他需要填写的信息包括姓名、学校（学校名称必须是完整名称）。说明哪个账号是课程负责人的账号，只有课程负责人登录后，才能添加教学团队其他教师的信息到课程团队中。

账户开通后，课程团队成员必须登录到平台上，修改补充个人信息，个人信息要尽量全面，方便评审专家了解课程团队成员的背景情况。主要包括：头像、称号、院系、专业、个人介绍。

基本信息填写完毕后，课程负责人（或者团队教师）则可以进行参评课程的网上信息申报。

三、网上信息申报方法

课程团队教师可以登录"重庆高校在线开放课程平台"（www.cqooc.com）上进行其他信息的填报，所有信息都是必填项，请按照以下方法进行操作：

以统一提供的平台账号，登录到重庆高校在线开放课程平台上。在个人主页上，可以看到与自己有关的课程，点选"评选课"，则可以看到管理员创建的参加评选的课程。在参加评选的课程的徽标旁，点选"课程管理"，则可以继续填写课程的其他申报信息。

在出现课程主页之后，请仔细核对课程的基本信息，包括课程名称、主讲教师、学校、课程类型、所属专业、课程网址等，如果存在问题，点击"编辑"进行修改，一旦院校管理员发布了这门课程，这些信息将无法修改，特别是"课程网址"，一定要填写正确，以便评审专家进行访问。

在确认课程的基本信息没有问题之后，可以填报与课程相关的其他信息，操作方法是：

课程团队信息。点选"课程团队"，然后点选"添加团队教师"，则可以将课程团队的其他教师账号加入。

课程内容与资源信息。点选"课程内容与资源"，然后根据要求，填写所有数据，包括：课程内容介绍、课程资源说明、课程教学视频演示（网址）；点选"清除"则可以删除信息，点击"本地上传"，则可以上传一个文档，点选"选择文件"则可以从个人主页的"我的资源"中选择一个已经上传的文档，后续操作与此类似。

课程教学设计信息。点选"课程教学设计"，根据要求填写教学设计相关数据（文档）。包括：教学大纲、教学日历、教学设计、学习评价。

学习支持信息。点选"学习支持"，填写要求的上报数据。点选"编辑"，填写教学活动相关记录数据，包括：教学活动、学习指南、常见问题、文献资料、课程公告截图、督学服务截图，所有数据及图片必须填写完整。

教学效果信息。点选"教学效果"，填写考试情况和教学效果相关数据和截图，展示课程的教学效果。

可以上传的文档格式是 DOC、DOCX 格式，上传的图片格式是 JPG 格式。

附录二

重庆市教育委员会关于公布重庆市高校首批精品在线开放课程名单的通知

渝教高发〔2018〕7 号

各高校：

根据《重庆市教育委员会关于开展 2017 年高校精品在线开放课程认定工作的通知》（渝教高函〔2017〕53 号）精神，在各校推荐申报的基础上，经资格审查、专家评议和公示，同意将重庆大学《卡通说解数字电子技术》等 105 门课程认定为重庆市高校首批精品在线开放课程，现予以公布。

认定市级精品在线开放课程，是我市高校积极参与国家精品在线开放课程评审认定的重要工作基础，也是我委全面推进在线开放课程建设应用，实施好高等教育教学质量"变轨超车"工程的重要抓手。各高校要按照教育部、市教委有关工作要求，出台授课教师课时认定制度，安排专门经费，加强精品在线开放课程的应用与共享，提升广大教师运用网络信息技术开展教学的能力，不断提高教育教学质量，实现高等教育内涵式发展。

市级精品在线开放课程应通过"重庆高校在线开放课程平台"等校外公共在线课程服务平台面向所在高校和社会学习者开展共享应用。我委将对课程的教学内容与资源、教学效果与影响、团队支持与服务等情况进行动态监测，对资源更新不及时、缺乏授课团队支撑、应用效果不理想和未能达到运行要求的课程，将取消市级精品在线开放课程称号。

附件：重庆市高校首批精品在线开放课程名单

重庆市教育委员会

2018 年 5 月 14 日

附件

重庆市高校首批精品在线开放课程名单

（排序不分先后）

序号	课程名称	建设单位	负责人	课程类型	开课平台
1	卡通说解数字电子技术	重庆大学	陈新龙	专业核心课	重庆高校在线开放课程平台
2	数学实验	重庆大学	龚劬	文化素质教育课	学堂在线
3	电工电子学（下）	重庆大学	侯世英	公共课	学堂在线
4	结构力学	重庆大学	陈朝晖	专业核心课	爱课程（中国大学MOOC）
5	概率论与数理统计	重庆大学	荣腾中	专业核心课	爱课程（中国大学MOOC）
6	电子商务	重庆大学	邵兵家	专业核心课	爱课程（中国大学MOOC）
7	生命科学与伦理	西南大学	吴能表	公共课 文化素质教育课	超星尔雅
8	消费者保护法	西南大学	杨攀	文化素质教育课	超星泛雅
9	美学与人生	西南大学	寇鹏程	文化素质教育课	智慧树
10	经典导读与欣赏	西南大学	董小玉	文化素质教育课	爱课程（中国大学MOOC）
11	法律基础	西南政法大学	唐力	专业基础课	超星泛雅
12	传染病学	重庆医科大学	任红	专业核心课	重庆高校在线开放课程平台
13	妇产科护理学	重庆医科大学	廖碧珍	公共课	重庆高校在线开放课程平台
14	皮肤性病学	重庆医科大学	陈爱军	专业核心课	Bb 在线学堂
15	口腔预防医学	重庆医科大学	王金华	专业核心课	Bb 在线学堂
16	麻醉学	重庆医科大学	闵苏	专业核心课	Bb 在线学堂
17	多媒体课件设计与制作	重庆师范大学	陈林	公共课	重庆高校在线开放课程平台
18	数据结构	重庆师范大学	唐万梅	专业核心课	重庆高校在线开放课程平台

续表

序号	课程名称	建设单位	负责人	课程类型	开课平台
19	高等代数	重庆师范大学	张新功	专业核心课	重庆高校在线开放课程平台
20	大数据分析与处理	重庆邮电大学	王国胤、刘群	专业核心课	重庆高校在线开放课程平台
21	摄像技术	重庆邮电大学	陈祺祺	专业核心课	重庆高校在线开放课程平台
22	数据网络综合实训（2017秋）	重庆邮电大学	武俊	专业核心课	重庆高校在线开放课程平台
23	形势与政策	重庆交通大学	孙渝莉	公共课思想政治理论课	超星泛雅
24	3s城市规划综合实验	重庆工商大学	李斌	专业核心课	优慕课
25	《新标准大学英语》综合教程	四川外国语大学	马武林	公共课	重庆高校在线开放课程平台
26	英语语音语调——英式英语及美式英语	四川外国语大学	赵奂	公共课	重庆高校在线开放课程平台
27	中国文化英译经典导读	四川外国语大学	张婷	专业核心课	重庆高校在线开放课程平台
28	纪录片创作	重庆文理学院	李天福、韩永青	专业核心课	重庆高校在线开放课程平台
29	电路分析	重庆文理学院	郭仿军	专业基础课	重庆高校在线开放课程平台
30	UI应用开发之PHOTOSHOP（平面设计）	重庆文理学院	万忠杰	专业基础课	玩课网
31	创造发明学导论	重庆文理学院	朱江	公共课	重庆高校在线开放课程平台
32	观赏植物学	重庆文理学院	谢吉容	专业基础课	重庆高校在线开放课程平台
33	机械制图及CAD	长江师范学院	何芳	专业基础课	重庆高校在线开放课程平台
34	外国文学	长江师范学院	丁世忠	专业核心课	重庆高校在线开放课程平台

序号	课程名称	建设单位	负责人	课程类型	开课平台
35	后现代经典影视	长江师范学院	王文平	公共课	智慧树
36	单片机原理及应用	重庆科技学院	钟秉翔	专业核心课	超星泛雅
37	电工与电子技术	重庆科技学院	许弟建	专业基础课	重庆高校在线开放课程平台
38	企业绿色管理概论	重庆科技学院	万玺	公共课文化素质教育课	重庆高校在线开放课程平台
39	普通话与朗诵艺术	重庆第二师范学院	张亚婷	文化素质教育课	重庆高校在线开放课程平台
40	轮滑运动基础	重庆第二师范学院	李采丰	公共课	重庆高校在线开放课程平台
41	生活中的语言学	重庆人文科技学院	段茂升	公共课	重庆高校在线开放课程平台
42	校园足球基础技能	重庆人文科技学院	唐念	公共课	重庆高校在线开放课程平台
43	批判性思维	重庆人文科技学院	何向东	公共课	重庆高校在线开放课程平台
44	解构音乐：大学生音乐素养入门	重庆人文科技学院	顾硕	公共课	重庆高校在线开放课程平台
45	带上文化去旅行	重庆人文科技学院	赵静	文化素质教育课	重庆高校在线开放课程平台
46	电力系统继电保护	重庆电力高等专科学校	王灿	专业核心课	重庆高校在线开放课程平台
47	热力发电厂	重庆电力高等专科学校	姚昌模	专业核心课	重庆高校在线开放课程平台
48	电机学	重庆电力高等专科学校	李媛	专业核心课	重庆高校在线开放课程平台
49	中医内科学	重庆三峡医药高等专科学校	杨勤	专业核心课	重庆高校在线开放课程平台
50	中药储存与养护	重庆三峡医药高等专科学校	沈力	专业核心课	重庆高校在线开放课程平台
51	验光技术	重庆三峡医药高等专科学校	李毓强	专业核心课	重庆高校在线开放课程平台
52	皮肤性病学	重庆三峡医药高等专科学校	向光	专业核心课	重庆高校在线开放课程平台

续表

序号	课程名称	建设单位	负责人	课程类型	开课平台
53	临床检验技术	重庆三峡医药高等专科学校	郝 坡	专业核心课	重庆高校在线开放课程平台
54	推拿技术	重庆三峡医药高等专科学校	张光宇	专业核心课	重庆高校在线开放课程平台
55	生物化学	重庆三峡医药高等专科学校	孙厚良	专业基础课	重庆高校在线开放课程平台
56	正常人体功能	重庆三峡医药高等专科学校	马丽华	专业基础课	重庆高校在线开放课程平台
57	用药护理	重庆三峡医药高等专科学校	刘 丹	专业基础课	重庆高校在线开放课程平台
58	妇产科护理学	重庆三峡医药高等专科学校	冉 波	专业核心课	人卫慕课
59	基础医学概论	重庆三峡医药高等专科学校等	胡艳玲	专业基础课	重庆高校在线开放课程平台
60	人体解剖学与组织胚胎学	重庆三峡医药高等专科学校等	冯晓灵	专业基础课	重庆高校在线开放课程平台
61	生理学	重庆三峡医药高等专科学校 重庆医药高等专科学校	杨宏静	专业基础课	重庆高校在线开放课程平台
62	儿童护理	重庆医药高等专科学校	黄吉春	专业核心课	超星泛雅
63	全科医学概论	重庆医药高等专科学校	何 坪	专业基础课	超星泛雅
64	中药鉴定与调剂	重庆医药高等专科学校	王玉霞、胡娟娟	专业核心课	智慧职教
65	药物分析	重庆医药高等专科学校	谭韬、唐倩	专业核心课	智慧职教
66	药剂学	重庆医药高等专科学校	刘阳、林凤云	专业核心课	智慧职教
67	多媒体软件制作	重庆航天职业技术学院	陈淑萍	公共课	重庆高校在线开放课程平台
68	Android 应用软件开发	重庆航天职业技术学院	陈磊、吴文明	专业核心课	重庆高校在线开放课程平台
69	移动通信基站系统运行与维护（3G版）	重庆电子工程职业学院	刘良华、代才莉	专业核心课	重庆高校在线开放课程平台
70	探秘移动通信（专业版）	重庆电子工程职业学院	代才莉、刘良华	专业基础课	重庆高校在线开放课程平台

序号	课程名称	建设单位	负责人	课程类型	开课平台
71	程序设计基础	重庆电子工程职业学院	武春岭	专业基础课	重庆高校在线开放课程平台
72	数字电子技术	重庆电子工程职业学院	刘睿强	专业基础课	重庆高校在线开放课程平台
73	物联网工程导论	重庆电子工程职业学院	许　磊	专业基础课	重庆高校在线开放课程平台
74	高等数学	重庆电子工程职业学院	石　磊	公共课	重庆高校在线开放课程平台
75	可编程控制器原理与应用	重庆电子工程职业学院	胡明瑜	专业基础课	重庆高校在线开放课程平台
76	嗨翻艺术设计创业	重庆工业职业技术学院	秦传江	创新创业课	爱课程（中国大学MOOC）
77	计算机三维造型设计	重庆工业职业技术学院	缪晓宾	专业基础课	重庆高校在线开放课程平台
78	微观经济学	重庆工业职业技术学院	李　静	专业基础课	重庆高校在线开放课程平台
79	大学语文	重庆工业职业技术学院	龙　江	公共课	重庆高校在线开放课程平台
80	办公自动化	重庆工业职业技术学院	汤　敏	专业基础课	重庆高校在线开放课程平台
81	物流与电子商务	重庆工业职业技术学院	李　乐	专业基础课	重庆高校在线开放课程平台
82	计算机应用基础	重庆城市管理职业学院	李　静	公共课	重庆高校在线开放课程平台
83	思想道德修养与法律基础	重庆城市管理职业学院	邓红彬	思想政治理论课	重庆高校在线开放课程平台
84	会计基础	重庆城市管理职业学院	杨颖燕	专业核心课	重庆高校在线开放课程平台
85	构建中小企业网络	重庆城市管理职业学院	王　毅	专业核心课	重庆高校在线开放课程平台
86	女性成长必修	重庆城市管理职业学院	易　丹	文化素质教育课	重庆高校在线开放课程平台
87	实用英语视听说	重庆城市管理职业学院	王　爽	专业核心课	重庆高校在线开放课程平台
88	婚礼庆典服务概论	重庆城市管理职业学院	刘慧玲	专业基础课	我学习平台
89	高等数学	重庆工程职业技术学院	南晓雪	公共课	重庆高校在线开放课程平台

续表

序号	课程名称	建设单位	负责人	课程类型	开课平台
90	Linux服务器配置与管理	重庆工程职业技术学院	唐宏	专业核心课	重庆高校在线开放课程平台
91	建筑装饰施工技术	重庆工程职业技术学院	舒江	专业核心课	重庆高校在线开放课程平台
92	数控机床编程与操作	重庆工程职业技术学院	柏占伟	专业核心课	重庆高校在线开放课程平台
93	Windows服务器配置与管理	重庆工程职业技术学院	杨智勇	专业核心课	重庆高校在线开放课程平台
94	Photoshop基础	重庆工程职业技术学院	邵亮	专业基础课	重庆高校在线开放课程平台
95	建筑工程图识读与绘制	重庆工程职业技术学院	李荣健	专业基础课	重庆高校在线开放课程平台
96	思想道德修养与法律基础	重庆工程职业技术学院	杨怀勇	公共课思想政治理论课	重庆高校在线开放课程平台
97	房地产基础	重庆城市职业学院	李易娟、付翮	专业基础课	重庆高校在线开放课程平台
98	电子商务基础	重庆城市职业学院	陈宝英	专业基础课	重庆高校在线开放课程平台
99	汽车基础	重庆城市职业学院	李傲一	专业基础课	重庆高校在线开放课程平台
100	市场营销基础	重庆城市职业学院	陈中耀	专业基础课	重庆高校在线开放课程平台
101	电气控制与可编程控制器	重庆工商职业学院	任艳君	专业核心课	重庆高校在线开放课程平台
102	基础会计实务	重庆财经职业学院	李勇	专业基础课	重庆高校在线开放课程平台
103	通信线路工程施工与监理	重庆电讯职业学院	田绍川	专业核心课	重庆高校在线开放课程平台
104	大学生职业生涯规划	重庆电讯职业学院	朱利莎	创新创业课	重庆高校在线开放课程平台
105	大学生心理健康教育	重庆电讯职业学院	肖瑶	公共课	重庆高校在线开放课程平台

重庆市教育委员会办公室
2018年5月15日印发

附录三

中国轮滑协会关于举行 2020 年全国轮滑大联动科报会的通知

各省、自治区、直辖市、计划单列市轮滑协会（轮滑项目管理部门），各行业体协办公室，各体育院校轮滑项目管理部门，中国轮滑协会训练基地、团体会员、各轮滑俱乐部：

为了促进我国轮滑运动的普及与发展，丰富全国轮滑大联动活动内容，提高轮滑相关科学研究、创新创业、课程开发和优秀案例展示，"科教助力，协同前行"，2020 年全国轮滑大联动科报会定于 2020 年 6—9 月在线举行。

现将 2020 年全国轮滑大联动科报会有关要求印发给你们，请积极组织参加。

附件：1.2020 年全国轮滑大联动科报会论文格式
2.2020 年全国轮滑大联动科报会创新创业申请书

中国轮滑协会
2020 年 6 月 10 日

2020 年全国轮滑大联动科报会

为切实做好全国轮滑科学创新研究成果的遴选工作，决定征集全国轮滑科研论文、创业设计、课程说课、优秀案例四个模块的突出成果。现将有关事宜通知如下：

一、指导思想

以习近平新时代中国特色社会主义思想为指导，深入贯彻党的十九大和十九届二中、三中、四中全会精神，全面落实全国教育大会精神，推进《国务院关于印发全民健身计划（2016—2020 年）的通知》《国务院办公厅关于强化学校体育促进学生身心健康全面发展的意见》（国办发〔2016〕27 号）的实施。紧密结合全国轮滑综合改革和发展的实际，紧紧围绕轮滑相关的教育科研改革发展重大理论与实践问题、热点难点问题和轮滑运动训练、教学、竞赛、管理、产业发展中迫切需要研究和解决的重要问题，组织开展项目研究，为轮滑运动发展提供决策参考，"科教助力，协同前行"，为轮滑改革创新和提升项目影响力提供理论支撑和智力服务。

二、主办单位

中国轮滑协会

三、承办单位

重庆市轮滑协会

重庆市大学生轮滑协会

重庆博尔康新兴体育俱乐部

四、征集主题

科教助力，协同前行

五、征集对象

各大学、中学、小学、幼儿园教师，高校学生，学校体育科研、教研、管理人员，教育行政管理人员及社会俱乐部等轮滑专业人员。

六、征集内容

（一）科研论文。论文选题以近年来全国轮滑综合改革和发展理论与实践为主要方向，紧紧围绕教育科研改革发展重大理论与实践问题、热点难点问题和轮滑运动训练、教学、竞赛、管理、产业发展中迫切需要研究和解决的重要问题。同时，关注学校体育与轮滑基础研究、边缘交叉学科以及由信息技术快速发展引发的新兴综合学科的研究成果。报送的论文应概念界定清晰、论点明确、论证充分、逻辑严谨、结构完整、资料真实、引证和图表规范，每篇论文不少于 4000 字。

（二）课程说课。视频说课采用形式不限，内容符合轮滑课程教学、训练要求，满足课程说课需要，课程设计科学，方法运用合理。文件标明成果名称、单位名称等信息，大小不超过 200M，视频时长 5～8 分钟。

（三）创新创业设计。创新创业设计选择方向包括但不限于轮滑科技创新、产教融合、青少年培训、特色效益产业等方向，鼓励符合条件的个人或团队，结合国家体育产业发展政策、重点产业配套（如专业人才、品牌、知识产权等）积极申报。创新创业计划项目包括创新项目、创业项目和创业实践项目三类：（1）创新项目应自主完成创新性研究项目设计、研究条件准备和项目实施等工作。（2）创业项目应通过编制商业计划书、开展可行性研究、模拟企业运行等工作。（3）创业实践项目应采用前期创新成果或创新性实验成果，提出一项具有市场前景的创新性产品或者服务，并论证可行性。

（四）优秀案例。为了进一步推动轮滑运动发展，现向各社会团体、学校、俱乐部及个人征集开展轮滑运动的优秀案例，材料实操指导性强，让一线轮滑实践工作者看得懂、学得会、用得上，具有一定的启示、借鉴、推广价值。

优秀案例的要求：实事求是，结构清晰，数据翔实，图文并茂，内容格式不限，字数不低于 2000 字。

七、报送要求

本次论文征集对提高全国轮滑专业人员队伍素质，推进轮滑事业发展，展示全国轮滑改革成果，提高学校轮滑运动体育教学、训练、管理和科研水平具有重要意义。各单位要高度重视，认真做好论文征集的宣传、动员和组织工作。

（一）学风端正。论文作者应遵循学术规范，坚守科研诚信。论文符合学术道德和学术规范要求。

（二）加强审核。各单位在成果征集、评选和报送工作中，要加强科研诚信教育和学风建设，委派专人对报送论文进行查伪，杜绝学术不端行为。每篇论文自重、他重内容的重复率不得超过 20%，否则不予参评。

（三）按时报送。请各单位在 7 月 31 日前将相关成果材料的电子版发送至邮箱 balan111@163.com，邮件主题格式为"张三 + 成果类型（科研论文、课程说课等）+ 电话"。

联系人：苗老师（18983199914）。

八、费用说明

（一）参会需缴纳 200 元 / 项，包含论文、材料、评审、成果分享等费用。

（二）缴费方式：支付宝转账；支付宝账号：18062544917。

在缴费时：（1）请注明姓名、缴费单位及事项，如"张三 +×× 学校或俱乐部 + 某项目缴费"；（2）如需开发票，请注明开票单位全称及纳税识别号。

九、论文评审

本次论文征集设个人奖和优秀组织奖。个人奖按"公平、公正"原则，组织专家对申报论文进行评审，分别按参评总数的 10%、20%、30% 评出一等奖、二等奖、三等奖，最终获奖成果将纳入《成果摘要汇编》，并组织优秀成果线上分享。根据同单位组织参加科报会的情况，报送的 1 项算 10 分，获得一等奖 10 分，二等奖 8 分，三等奖 5 分，评选 30% 的优秀组织奖。

十、其他

（一）组委会有权无偿使用报送成果资料等进行旨在促进轮滑运动发展的各项成果展示、宣传、推广活动。

（二）选择优秀成果在线上组织分享会，不参与优秀成果分享的视为放弃评审结果。

（三）未尽事宜，另行通知。

附件 1

2020 年全国轮滑大联动科报会论文格式

一、论文正文（不低于 4000 字）

（论文题目）×××××××××××

（作者姓名）×××××

（作者单位）×××××

1. 研究目的

×××××××××××××××××××××××××××××××××××
××××××××××××××××××××××××××××××……

2. 研究方法

2.1 ×××××

×××××××××××××××××××××××××××××××××
×××××××××××××××××××××××××××××……

2.2 ×××××

×××××××××××××××××××××××××××××××××
××××××××××××××××××××××××××××××……

3. 结果与分析

3.1 ×××××

××××××××××××××××××××××××××××××××
×××××××××××××××××××××××××××……

3.2 ××××

×××××××××××××××××××××××××××××××××
×××××××××××××××××××××××××××……

4. 结论与建议

×××××××××××××××××××××××××××××××××
××××……

5. 参考文献

注：

1. 论文页面设置左右边距 2.54 cm。

129

2.论文题目中文用3号黑体，居中。副标题，小3号楷体，居中。一、二节标题用4号黑体；正文用小4号宋体。

3.参考文献：标题用小4号黑体，文字用5号宋体。内容要注全，标点要正确，末尾用"."。参考文献名后分别注明：[M]专著、[J]期刊杂志、[N]报纸、[D]学位论文、[C]论文集、[R]研究报告、[S]标准、[P]专刊、[DB]数据库、[CP]计算机程序、[EB]电子公告。

例如：

[1]孟现录.协同中前行—通过案例谈重庆轮滑发展[M].北京:科学出版社，2018.

[2]孟现录.轮滑阻拦[M].北京：北京体育大学出版社，2019.

[3]孟现录.新兴体育项目教学卡片（轮滑、少儿田径、飞盘）北京：科学出版社，2018.

附件 2

2020 年全国轮滑大联动科报会创新创业计划申请书

项目名称 _____

项目类型 ___ □创新训练项目 □创业训练项目 □创业实践项目 ___

项目责任人 _____

申报日期 _____

中国轮滑协会 制

项目名称	
项目类型	（ ）创新项目 （ ）创业项目 （ ）创业实践项目
项目实施时间	起始时间： 年 月　　　完成时间： 年 月

项目团队成员 （不含主持人）	姓名	性别	出生 年月	单位	联系 电话	研究 专长

主持人	姓名		研究方向	
	年龄		行政职务 / 专业技术职务	
	主要成果			

一、项目申请理由

（主持人以及团队具备的知识条件、特长、已有的实践创新成果等）

二、项目实施的目的、意义

三、项目研究内容和拟解决的关键问题

四、项目研究与实施的基础条件

五、项目实施方案
（包括项目的目标、开展方式与思路、阶段性安排等，同时，创新项目包括：创新性研究项目设计、研究条件准备和项目实施。创业项目包括：商业计划书、开展可行性研究、模拟企业运行。创业实践项目包括：已有前期创新成果或创新性实验成果，提出具有市场前景的创新性产品或服务，并论证可行性。）

六、创新与特色（创新项目必填，创业项目选填）

七、预期成果

八、评委会意见（评审组填写）

后　记

　　2012 年，笔者到重庆开始新的工作和生活，回顾这八年，庆幸之事颇多。

　　首先，感谢教育部学校规划建设发展中心、重庆第二师范学院和儿童研究院对笔者提供的帮助，感谢李采丰院长和魏曙光教授的指导，尤其是李采丰教授，在"轮滑运动基础"课程建设上提出了许多宝贵意见，才使其获得重庆市教育委员会的认可。同时，感谢重庆市轮滑协会张小波会长的信任，聘任笔者为重庆市轮滑协会秘书长，承担和参与协会的工作，有幸与国家体育总局、教育部、中国轮滑协会、中国学生体育协会等轮滑主管和主体单位接触并共同完成新兴体育项目轮滑运动的推广工作，在此过程中，深刻体会到"产教融合"和"应用型学科"建设的意义。

　　其次，感谢研究生期间广州体育学院许铭导师的教导，笔者一直将导师寄语"态度决定人生高度"作为座右铭，鞭策自己前进。

　　最后，感谢中国中学生体育协会和重庆市大学生轮滑协会、各省市学生体育协会以及各省级、市级轮滑协会的支持，在"体育"和"教育"两大体系同轨协同下认识和推广轮滑运动，希望本书能为现代信息技术背景下新兴体育项目轮滑的发展和课程建设提供理论参考。